Rockeras

Redbook

Rockeras

Anabel Vélez Vargas

MA NON TROPPO

MA
NON
TROPPO

Un sello de Redbook ediciones
Indústria 11 (pol. Ind. Buvisa)
08329 Teià (barcelona)
info@redbookediciones.com
www.redbookediciones.com

Diseño de cubierta: Regina Richling
Diseño de interior: César Muñoz

ISBN: 978-84-15256-97-7
Depósito legal: B-10.848-2016

Impreso por Sagrafic,
Plaza Urquinaona 14, 7º-3ª
08010 Barcelona

Impreso en España - *Printed in Spain*

Índice

Introducción

El rock en femenino

Si cada vez que alguien me ha soltado aquello de: "Guau, una tía que sabe de rock" me hubieran dado 1 céntimo de euro probablemente ahora sería multimillonaria. Esta estúpida anécdota sirve para ilustrar algo muy común, no sólo en nuestros días sino a lo largo de la historia del rock. El rock se ha considerado siempre y erróneamente una cosa de hombres. De hombres duros y aguerridos que perpetran potentes riffs de guitarra. Explosiones de cohetes ardiendo queman el escenario mientras la banda, todos hombres por supuesto, tocan y su público, la gran mayoría por no decir todos los presentes, son hombres, que disfrutan de ese momento de masculinidad compartida. El rock es un mundo en el que la mayoría de los promotores de conciertos son hombres, los managers son hombres, los *roadies* son hombres, los productores de discos son hombres, los dueños de las discográficas son hombres, los djs de las radios son hombres, los críticos son hombres,... ¿Hace falta que siga?

Así que cuando alguien me pregunta si un libro de mujeres del rock es necesario, mal que me pese, le digo que no solo es necesario sino imprescindible. Y cuantos más se escriban mejor. Digo mal que me pese, porque ansío el día en el que no sea necesario reivindicar el papel de las mujeres no sólo en la música sino en la sociedad en general. Ese día en el que todos seamos iguales independientemente de nuestro sexo. Ese día en el que se escriba una historia del rock en el que el 90% de sus protagonistas no sean sólo hombres. Hasta entonces, estos libros son importantes y esenciales. Demos espacio a esa gran parte de la población que recibe un pie de página o un párrafo cuando otros reciben capítulos enteros. Y hagámoslo no porque sean mujeres, sino simplemente porque hicieron los mismo que los hombres, con el mismo talento, la misma intensidad, siendo pioneras, revolucionando, creando nuevos caminos en la música igual que sus compañeros masculinos. Hagámoslo porque su música es, ha sido y será imprescindible en la historia del rock.

Se tiende a pensar también que las mujeres hacen música para mujeres o escriben literatura para mujeres o hacen películas para mujeres pero nunca se piensa lo mismo sobre los hombres. Por esa regla de tres, yo no tendría ningún interés en escuchar a los Beatles, los Stones, a Lou Reed, a Bowie o a Led Zeppelin. Salvo que me parezcan tremendamente atractivos y me los quiera llevar al huerto, que es otro de los conceptos erróneos sobre la música en relación a las mujeres. Nunca se piensa que un hombre no tenga interés en escuchar a Patti Smith, Joni Mitchell, PJ Harvey, Joan Jett o Janis Joplin. Y ya sé, ya sé, estoy generalizando pero es que a veces se olvida algo esencial de la música, que tiene el don de traspasar fronteras, culturas, idiomas y géneros. Yo puedo escuchar una canción de músicos africanos como Miriam Makeba o Fela Kuti que cantan en un idioma que no entiendo, que hablan de una realidad que desconozco y que se acompañan de unos ritmos que no son con los que me he criado y aún así emocionarme y sentirme identificada. La música es universal y el lenguaje que habla llega a todos y cada uno de los que la escuchan independientemente de su sexo.

A pesar de ello, a las mujeres se las ha relegado muchas veces a un papel secundario en la historia del rock. Detrás tuvieron a un hombre que les compuso las canciones, produjo sus discos, les hizo de manager y les dijo lo que tenían que hacer y cómo vestirse. Les pasó a los grupos vocales femeninos que trabajaron con Phil Spector, por ejemplo. Entre los primeros miembros del primer año del Rock and Roll Hall of Fame en 1986 no había ni una sola mujer. Aretha Franklin fue la primera en entrar al año siguiente. El resto eran todos hombres. Esa es una realidad, triste, pero realidad. Mientras, las mujeres que se han dedicado al rock en cuerpo y alma han exigido el lugar que les ha correspondido por derecho propio, a golpe de guitarra, de canciones y de melodías. Lo han hecho como mejor saben hacerlo: cantando, componiendo, publicando discos y actuando en directo. Luchando contra viento y marea si ha hecho falta. Pocos recuerdan que antes de que Elvis Presley popularizase "Hound Dog", Big Mama Thornton ya la había convertido en todo un hit. Muchos son los que acusan a Yoko Ono de ser la causante de la disolución de los Beatles, cuando Lennon y McCartney se tiraban de los pelos desde hacía años. The Runaways eran un chiste. Patti Smith era demasiado masculina. Debbie Harry era demasiado sexy. Kate Bush demasiado rara. Y así podríamos poner ejemplos hasta cansarnos. Demasiadas veces se ha etiquetado a una mujer rockera por su aspecto y no por su música. Pero olvidémonos de todo eso y centrémonos en lo importante, la música.

Estas mujeres se merecen el sitio que les corresponde en la historia del rock y de la música en general. Aquí intentamos dárselo. Es difícil hacer una selección. Hay muchas mujeres rockeras y el espacio no es infinito. En este libro se recopilan algunas de ellas. Entre precursoras, las más importantes por su aportación a la historia de la música y algunas futuras promesas que poblarán las páginas del rock en años futuros. No pretende este ser un análisis exhaustivo de sus vidas y sus obras, sino una guía básica para todos aquellos que se quieran introducir en su música y descubrir a algunas de las mejores voces del rock. Puede que algunos no estén de acuerdo con la selección que he hecho pero he intentado poner un variado ejemplo de rockeras en su más amplio sentido. Desde las primeras precursoras, aquellas mujeres imponentes que surgieron del blues o del gospel como Big Mama Thornton o Sister Rosetta Tharpe y que ayudaron a forjar el sonido del rock antes del rock, hasta las últimas generaciones de cantantes y compositoras que están apuntando a convertirse en las futuras figuras del género, cantantes como Torres o Scout Niblett o grupos como Savages. He intentado también tener un amplio criterio estilístico y considerar que alguien como Lucinda Williams puede ser tan rockera como Ruth Brown, Janis Joplin, Stevie Nicks, X-Ray Spex, L7 o Sleater-Kinney.

Espero que este libro os sirva para descubrir algunas voces que desconocíais, para que os entre la curiosidad de investigar más y sobre todo para que os lleve a escuchar su música, que al fin y al cabo es de lo que se trata.

Aprovecho este espacio también para agradecer a las personas que me han ayudado en la realización de este libro. Especialmente a Jorge-Mauro de Pedro, Marla Jacarilla, Georgina López, Jordi Maresma, Sílvia Subirana y Jordi Vidal. También quiero dar las gracias a Redbook ediciones por confiar en mí y a Manu González por sugerir mi nombre.

Este libro esta dedicado a la persona que me metió el gusanillo del rock en el cuerpo, David Albelda Vargas. Gracias.

1. Un pequeño recorrido por la historia

Cuando los ingredientes de la pócima del rock and roll se mezclaron, las mujeres ya estaban allí. Lo malo es que cuando se escribió esa historia, nadie se acordó de mencionarlas o apenas les dedicaron unas líneas. Nadie parecía tener interés en tomar nota. Pero estaban, han estado y estarán ahí.

El rock no es sólo cosa de hombres y quién diga lo contrario se equivoca. Las grandes voces del género que han triunfado a lo largo de décadas y décadas así lo atestiguan. La sociedad, para qué negarlo, es tremendamente machista y tiende a escribir su historia con los hombres como protagonistas. Durante décadas se consideró a la mujer como hija, esposa o madre, y todo lo que se saliera de ese papel era rechazado y estigmatizado. Por eso, muchas mujeres que a principios de los años cincuenta decidieron que la música era lo suyo y además que el rock and roll era su vida, tuvieron que luchar contra los estereotipos y los prejuicios. Incluso antes de que esos estereotipos existieran. ¿Quién decidió que el rock era cosa de hombres? Ellas no, desde luego y con su música demostraron todo lo contrario.

Desde el blues, el R&B, el country o el gospel se fueron conjuntando los sonidos que crearían el rock tal y como lo conocemos en nuestros días. Esos fueron los primeros balbuceos del rock antes del rock. Las primeras mujeres que se atrevieron a subirse a un escenario para dedicarse en cuerpo y alma a ese género, crecieron cantando en el coro de sus iglesias. Pero ese cantarle a Dios se les quedó pequeño y buscaron su propio camino. Les esperaban el blues, el R&B y el gospel. Se fueron de casa y se lanzaron a la carretera. Mujeres como Lavern Baker o Ruth Brown son buenos ejemplos de esas artistas que cambiaron el camino del señor por el de la música. Cantar en antros de mala muerte y clubs nocturnos no era demasiado respetable. Y mientras las mujeres blancas se tenían que quedar encerradas en casa cuidando de sus familias, ellas se atrevían a empuñar guitarras como Sister Rosetta Tharpe y cantar la música del diablo como Big Mama Thornton. En aquellos primeros años tuvieron que luchar contra muchos estereotipos y prejuicios, pero, ¿acaso no siguen haciéndolo hoy en día?

Durante aquellos primeros años nacieron grandes canciones, que fueron verdaderos éxitos en las manos de sus compañeros blancos. Aunque el rock and roll era visto como la música del diablo, las discográficas no querían perder el empujón de ventas que suponía, por eso no dudaron en aprovechar sus canciones cantadas (eso si, por voces blancas). Algunas con más suerte que otras, pero siempre dejando de lado a las grandes voces negras que en realidad las popularizaron. Casos como Big Mama Thornton son un buen ejemplo. Ella fue una de las pioneras del rock antes del rock. La primera en popularizar el "Hound Dog" antes de que Elvis se hiciera con ella y se convirtiera en leyenda. Lo mismo le pasaba a los hombres, Chuck Berry por ejemplo. Las raíces del rock and roll también bebieron del blues o del jazz, de voces como Bessie Smith, Memphis Minnie o Billie Holiday. No hay cantante de rock que se precie que no la cite como referente imprescindible. Sin ellas, la historia del género no sería la misma. En aquellos años el rock comenzaba a gestarse.

El rock and roll era un género fogoso y sexual, algo que en la década de los cincuenta era impensable que una mujer pudiese representar. Incluso los hombres como Elvis sufrían la censura. En televisión, las caderas del Rey no podían aparecer en pantalla. Demasiado pecaminoso. Si ya era difícil que se aceptase en un hombre, en una mujer era imposible. Pero en aquellos años en los que la sociedad era tan sumamente puritana, surgieron algunas de las voces más rebeldes que ha dado el rock. Y lo hicieron desde el country, uno de los géneros más anquilosados, tradicionalistas y machistas. Wanda Jackson se erigió como una de las grandes cantantes del rockabilly. Se subía a los escenarios como un volcán explosivo y su voz rasgada hacía historia. Mientras desde el R&B, Ruth Brown levantaba el sello Atlantic a golpe de hit y se convertía en una de las primeras cantantes de rock and roll que acumulaba éxito tras éxito en las listas. Lástima que les escatimaran los beneficios que los sellos se llevaban gracias a sus canciones. Muchas de aquellas mujeres tuvieron que luchar no sólo por ser respetadas como cantantes, también por no ser discriminadas por su raza o su sexo. Brown fue una de aquellas mujeres que no se dejó amilanar y se enfrentó años después a su compañía por sus derechos. Ganó.

A principios de los sesenta los grupos femeninos arrasaban en las listas. En aquella época, las mujeres no tenían papeles preeminentes como compositoras y no solían cantar sus propias composiciones. La excepción era

Carole King que componía junto a su marido Gerry Goffin, pero en aquella época King aún no se había atrevido a dar el paso como cantante. O Ellie Greenwich, otra de las compositoras surgidas del famoso Brill Building que escribía canciones para The Ronettes o The Crystals. Aunque la mayoría de compositores eran hombres y las pocas mujeres que había solían componer en pareja con sus maridos. De la factoría del Brill Building surgieron algunos de los grandes éxitos de grupos femeninos como The Shangri-Las o The Shirelles. Phil Spector y sus Ronettes aterrizaban en escena y empezaban los años dorados de la Motown con The Supremes y Martha & The Vandellas. Eran todos grupos dirigidos por hombres, productores, dueños de discográficas o compositores que daban voz a mujeres. En aquellos años, pocas de ellas, por no decir casi ninguna, podían cantar lo que sentían, sino que otros escribían sus anhelos y sentimientos, principalmente hombres.

La de los sesenta fue una de las décadas más prolíficas y el inicio de muchos cambios. Los grupos de chicas, como he mencionado, eran dirigidos en su mayoría por hombres que les decían hasta qué tenían que decir, cómo vestirse o cómo actuar. Las cosas empezaron a cambiar. Aquellas mujeres perfectas y conjuntadas que cantaban melodías preciosistas daban paso a mujeres temperamentales que querían escribir su propio camino. Mujeres como Tina Turner, un desatado volcán sobre el escenario. La moral temblaba cuando Tina movía las caderas. Por fin, las mujeres podían mostrar el fuego que llevaban dentro y el rock era el medio perfecto para hacerlo.

Aquellos años también vieron como del folk aparecían las primeras cantautoras, mujeres que no sólo cantaban sus canciones sino que se atrevían a escribirlas. Escuchábamos por fin temas escritos desde el punto de vista femenino. Mujeres que usaban su música para concienciar y remover a las masas, como Joan Baez. U otras que experimentaban con las melodías y las letras como Joni Mitchell. Voces como la de Aretha Franklin rompían barreras de género. Nacían verdaderas leyendas.

Mientras tanto, la música se desataba y el rock explotaba. A finales de los setenta, San Francisco era un crisol de paz, amor y psicodelia. Llegaba el verano del amor. Eran los años de las grandes voces de rock psicodélico como Grace Slick, de Jefferson Airplane. Pero también del gran descubrimiento, Janis Joplin. Hubo un antes y un después de Janis en la historia del rock. Las mujeres empezaban a liderar sus propias bandas. Tenían poderosas presencias escénicas y se desataban en directo. Decidían lo que querían cantar, cómo cantarlo y con quién cantarlo. Ya no eran meras comparsas. Tenían personalidad propia, carisma, carácter y no tenían miedo de mostrar su sexualidad. La liberación había llegado. ¿Para quedarse? El verano del amor se acabó pronto y lo hizo en decepción. La muerte de Janis dejó al rock huérfano.

En Nueva York la Velvet Underground nos descubría que otro tipo de mujer también era posible. La frialdad y la oscuridad de Nico y la andrógina Moe Tucker se conjugaban en el primer álbum de la banda. El famoso disco del plátano obra de Andy Warhol. El arte y el rock cruzaban su camino: Nueva York siempre fue a otro ritmo. Mientras, en Inglaterra Sandy Denny revolucionaba el folk rock junto a Fairport Convention. Cada mujer encontraba su camino, distinto y único. Por fin, la homogeneidad de los grupos de chicas, todas perfectas e idénticas, con los mismos peinados, los mismos vestidos y las mismas canciones, daba paso a mujeres tan diferentes como Laura Nyro o Cass Elliott. La individualidad de sus personas por encima del grupo. Las mujeres habían conseguido meter un pie en el mundo del rock, dominado por los hombres, y lo habían hecho con paso firme y decidido, reclamando su sitio como iguales. Aunque tuvieran que sufrir ser vilipendiadas, como le pasó a Yoko Ono. Aún hoy se la sigue acusando de acabar con los Beatles, pero Ono ya era una artista de vanguardia mucho antes de conocer a Lennon.

Con los setenta llegó la rabia y la revolución. El punk se desató. Una nueva forma de expresarse había nacido. La música se endurecía y las mujeres que se subían a escenarios como el del CBGB tenían actitud a raudales. Patti Smith fue la madre de todas ellas. La mujer que hizo del punk su voz y de la poesía su letra. En Nueva York, *Horses* se desbocaba mientras la llama del punk prendía mecha. Las mujeres sobre el escenario podían ser agresivas, gritar sobre sexo, dolor, penas y amor. En Inglaterra, mientras tanto, Poly Styrene hacía lo propio con sus X-Ray Spex y su disco *Germ Free Adolescents*: la rabia adolescente había encontrado su voz. La que cantaba sin miedo y reclamaba lo que era suyo. Mientras, The Slits reinvindicaban los primeros momentos del hazlo tú misma. Las mujeres más jóvenes tomaban la delantera y se atrevían a escupir y revolucionar la música. Tras la libertad de los sesenta, llegó la depresión de los setenta. La difícil situación que los jóvenes vivían, ese "No future" de los Sex Pistols lo resumía todo bastante bien, hacía que no tuvieran nada que perder. No les quedaba otra que revelarse.

También fue el comienzo del hard rock. Fueron cantantes como Suzy Quatro o grupos como The Runaways los que abrieron el camino a las mujeres en el rock duro. Fue difícil, sufrieron las burlas y chascarrillos de la prensa, la industria e incluso del público. Una mujer vestida de cuero y empuñando una guitarra eléctrica era demasiado para aquella sociedad puritana. ¿Dónde quedaba la liberación de los 60? Mientras un hombre podía subirse a un escenario embutido en cuero sin problemas, una mujer seguía sufriendo los mismos prejuicios que hacía 30 años. ¿Querían acaso que se quedaran en casa cuidando a sus hijos y sus maridos? La historia se repetía a lo largo de las décadas.

A finales de los setenta, la New Wave oscureció las letras y el sonido del punk. Grupos como Siouxie and The Banshees pasaron del punk de sus inicios a este nuevo género y consiguieron convertirse en la primera de estas formaciones en tener una larga carrera. El mismo camino siguió la magnética Debbie Harry con sus Blondie. Del punk pasaron al disco y los éxitos de masas. Las primeras estrellas de la música surgidas del punk se convertían en leyendas vivas. Años más tarde en Nueva York, la No Wave se revelaría contra aquella nueva ola que acabó apopándose. Música experimental, abstracta, dura. Ruido sonoro. Otra revolución musical que derivaría en el noise rock y el indie rock. Pero aún faltarían unos años para eso.

Los ochenta tenían aún mucho que ofrecer. Fue la era dorada del pop y la música comercial arrasaba. El pop se fusionaba con el rock y la música de Annie Lennox con Eurythmics o Chrissie Hynde con Pretenders copaban las listas. De la rabia adolescente del punk surgió el punk rock y desde Los Ángeles, mujeres como Exene Cervenka tomaron el relevo de las primeras rebeldes. Lydia Lunch se convertía en figura de culto gracias a Teenage Jesus & The Jerks y su primer disco en solitario, *Queen of Siam*. Eran mujeres descarnadas que no dudaban en desgarrarse en el escenario y en sus letras. Duras y curtidas en los directos. Fueron a la zaga de Patti Smith. En aquellos años también empezó a florecer el spoken word que tanto Lunch como Cervenka aprovecharon para llevar su poesía a otros niveles. Pero el rock más clásico no desaparecía y mujeres como Joan Jett se reinventaban con la publicación de su debut *Bad Reputation*. Atrás quedaban sus años como Runaway, de los que intentó alejarse todo lo que pudo. Lo consiguió con éxito. Siguiendo su propio camino y creando su propio sello. Las mujeres tomaban la rienda de sus carreras.

Pero los llamados malditos ochentas fueron también el principio del art-rock y la experimentación sonora más radical. Kate Bush empezaría su camino hacía la leyenda de culto con la originalidad y la individualidad como estandartes creando sus propios mundos líricos. Surgieron nuevas voces cercanas al arte que aprendieron a expresar sus ideas también a través de la música. Laurie Anderson creaba sus primeras composiciones y publicaba

Big Science. Pero también se conjuraban los inicios del noise rock y el rock alternativo de Sonic Youth con Kim Gordon, de Band of Susans o grupos como Throwing Muses, liderado por Kristin Hersh. Grupos que se atrevían a experimentar.

El rock expandía sus sonoridades y no tenía miedo a crear un ruido ensordecedor. Noise rock, no wave, post-punk, indie rock. Las etiquetas se multiplicaban. El rock independiente que explotaría en los noventa estaba en camino. Los grupos nacían y crecían fuera de las grandes discográficas, se creaban sellos independientes, emisoras independientes, se montaban giras como se podía, florecían los fanzines, las listas de correos para fans, las escenas crecían a parte y sin pretensiones. Sin prisa, pero sin pausa, hasta que las grandes *majors* vieron el filón y empezaron a querer su parte del pastel. Pero fuera de aquel mundo en el que el pop invadía las ondas, toda una nueva generación de mujeres rockeras abrazaban el indie para expresarse.

La década de los noventa también fue la del feminismo del movimiento riot grrrl. Las chicas cantaban con un grito desgarrado, tocaban guitarras afiladas y escribían letras duras sobre sus miedos y frustraciones. Bandas como Bikini Kill, L7, Babes in Toyland o Sleater-Kinney revolucionaban la música en aquellos días. ¿Por qué hacerlo como ellos si podemos hacerlo como nosotras queramos? Con la misma garra, la misma pasión y la misma potencia sonora pero a nuestra manera. Resistencia agresiva y grito por la libertad de ser una misma y expresarte como tal. Mientras, Sarah McLahlan, harta del machismo imperante en la industria, creaba su famoso Lilith Fair, un cartel exclusivo de mujeres artistas. Nadie apostó por ella. Todos creyeron que sería un fracaso, desde promotores a dueños de salas, mánagers o medios de comunicación, pero no fue así. Había un público que quería ver un cartel exclusivo de mujeres y no era sólo femenino.

Mientras el grunge y la música alternativa invadieron las ondas de medio mundo gracias a la explosión del *Nevermind* de Nirvana, otras mujeres también buscaban su propio camino. Y lo hacían renovándose en cada encarnación como Björk, adoptando diferentes voces femeninas como Tori Amos, dando voz a los que no la tienen como Diamanda Galás o huyendo de las etiquetas y reafirmando su individualidad como PJ Harvey.

En la variedad está el gusto y las mujeres rockeras abrazaban la fusión de géneros, escuchábamos country-rock, americana, blues rock... Los noventa parecieron un crisol de sonoridades en el que podíamos escuchar al mismo tiempo la rabia desatada de las L7 de Donita Sparks o el punk desaforado de Sleater-Kinney, junto a la poesía americana de Lucinda Williams, el folk rock comprometido de Ani DiFranco, el rock alternativo de The Breeders o el rock comercial de Alanis Morissette o Sheryl Crow.

El nuevo milenio llegó acompañado de las nuevas tecnologías. La industria musical cambiaba a marchas forzadas y la gente ya no escuchaba discos de la misma manera. Las redes sociales y las plataformas de streaming han cambiado la forma en la que el público disfruta de la música y se relaciona con las personas que la crean. Artistas como Amanda Palmer supieron canalizar acertadamente esa nueva forma de contactar con su público directamente. Fuera intermediarios. El artista se comunica con su público de tú a tú.

Cada vez es más fácil acceder a nueva música, descubrir nuevas cantantes, nuevos grupos, escuchar nuevas canciones. La historia de la música ha dado un nuevo vuelco. Hace ya unas cuantas décadas desde que apareció el rock. ¿Ha sabido la sociedad adaptarse? ¿Están las mujeres representadas como se merecen? ¿Es el rock aún sólo cosa de hombres? Muchas preguntas que no sabe contestar una sociedad que marcha en lo tecnológico a la velocidad de la luz pero en igualdad a paso de tortuga.

Aún así, la mecha del rock sigue encendida y muchas mujeres eligen ese camino para expresarse. Quizás ya no surgen grandes figuras como Janis Joplin, capaces de revolucionar la historia de la música y convertirse en leyendas, pero de la cantera de nuevas rockeras siguen saliendo verdaderas piedras preciosas. Démosles tiempo. Nuevas voces como las de Scout Niblett, Savages o Lydia Loveless cantan el futuro del rock. Muchas otras vendrán, aún no sabemos lo que nos deparará el futuro, pero no hay duda de que aquella poción mágica que creó el rock and roll sigue funcionando y todas las mujeres de este libro son buena prueba de ello.

2. Rockeras

A

Tori Amos

El piano sincero y brutal del rock

22 de agosto de 1963
Newton, Carolina del Norte

Recuperar el piano como instrumento para el rock es solo uno de los méritos de Tori Amos. Otro son sus composiciones, orquestaciones barrocas que han sabido combinar la maestría del piano y un acercamiento a la música totalmente diferente tanto lírica como sonoramente. Canciones intimistas, sinceras y desgarradoras, junto a una música innovadora y sin miedo a experimentar, hacen de la cantante todo un referente y un icono. Narra historias siempre desde la perspectiva femenina, la suya propia o la de las muchas mujeres en las que se ha encarnado para cantar sus composiciones. Sexualidad descarnada, emociones a flor de piel, culpabilidad y religión, entremezclados en una lucha eterna entre hombre y mujer, han bañado siempre sus canciones.

Myra Ellen Amos fue una niña prodigio que nació con la música en sus venas y una fuerte personalidad. Con dos años ya tocaba el piano, a los cuatro componía y con cinco empezó a estudiar piano clásico en el prestigioso conservatorio Peabody tras ganar una beca. Aunque a los 11 años se la retiraron porque insistía tozudamente en tocar sus propias composiciones en los exámenes. Pronto se hizo habitual de los clubs de Washington. Tenía un objetivo y no lo iba a abandonar por el encorsetamiento académico.

En 1984 decidió mudarse a L.A. a la búsqueda de contrato discográfico. Por aquel entonces, ya se había transformado en Tori Amos. En 1987 firmó con Atlantic Records y formó el grupo de metal Y Kant Tori Read. Sólo lanzaron un disco con muy poco éxito y terribles críticas. No era su camino.

El fracaso forjó muchas de las canciones de su álbum de debut en solitario, *Little Earthquakes*. Emprendió un camino totalmente diferente, más descarnado y brutal. Era un disco tremendamente personal y doloroso. En el single "Me and a Gun", narraba la violación que había sufrido. En sus letras, Amos se desnudaba por completo. Sus experiencias marcaron el despegue de su carrera.

Tori Amos se mudó a Inglaterra con el apoyo de su sello para tocar en pequeñas salas de conciertos y clubs. Su éxito creció poco a poco, sin prisa pero sin pausa, y a finales de 1992 era disco de oro en el país inglés y un año después en EEUU. En 1994 llegó su segundo trabajo. En *Under the Pink* cuestionaba la autoridad como figura masculina en canciones como "God" o la traición más dolorosa, la de una amiga, en "Cornflake Girl". También cofundaba RAINN (Rape, Abuse and Incest National Network) para ayudar a las víctimas de abuso y violaciones. No quería que otras mujeres sufrieran lo que ella había pasado y si era así, quería que tuvieran todo el apoyo que necesitasen.

En 1996 publicó *Boys for Pele*, uno de sus trabajos menos accesibles y más experimentales aunque igualmente exitoso. La extenuación causada por una gira mundial la obligó a retirarse brevemente, centrándose en su vida personal. En 1988 se casó con Mark Hawley, el ingeniero de sonido de su siguiente disco *From the Choirgirl Hotel*. Era este un trabajo mucho más instrumental y con toques de música dance. En 1999 llegó el doble *To Venus and Back*, que incluía un disco de estudio y otro en directo.

En *Strange Little Girls* de 2001 Amos interpretó versiones de los Beatles, Lou Reed o Slayer siempre desde la perspectiva de una mujer. En sus discos experimentaba con diferentes puntos de vista y personajes femeninos, como en *Scarlet's Walk*, su siguiente trabajo, donde adoptada la personalidad de la Scarlet del título.

The Beekeeper de 2005 supuso un acercamiento al R&B con canciones de nuevo más autobiográficas en un trabajo conceptual. Volvió a los alter egos en *American Doll Posse*, donde adoptó cinco diferentes personalidades, mostrando las diversas caras de una mujer. Y en 2009 llenaba de canciones sencillas y desnudas *Abnormally Attracted to Sin*, un disco que supuso una vuelta a sus orígenes. *Night of Hunters* de 2011 recuperaba su pasión por clásicos como Satie, Chopin o Bach mientras narraba el desmoronamiento de una pareja y la búsqueda que el personaje femenino iniciaba para encontrarse a sí misma a raíz ello.

En *Gold Dust* de 2012 revisitó canciones de su catálogo acompañada por la Metropole Orchestra. Se cumplía el veinte aniversario de *Little Earthquakes*. 20 años de éxitos y de exploración del mundo de la mujer, desde el interior, sin miedo y sin pelos en la lengua. Una voz femenina que se transforma un muchas mujeres. Esa es Tori Amos. Sus últimos discos son el dulce y a la vez doloroso *Unrepentant Geraldines* y las composiciones del musical *The Light Princess* publicadas en disco en 2015.

Laurie Anderson

La artista de vanguardia

5 de junio de 1947
Chicago, Illinois

La música nunca fue el objetivo principal de Laurie Anderson. Su entrada en ella llegó por necesidad artística. Sus obras precisaban de una banda sonora y se limitó a crearla en directo e interpretarla mientras contaba sus historias. No tenía tiempo ni intención de grabarlas, pero tras el éxito inesperado del single "O Superman", Anderson acabó introduciéndose en el mundo

de la música. Sin dejar de lado nunca su faceta como innovadora artista multimedia, se convirtió en una de las figuras más importantes del arte de vanguardia, y por ende, del art-rock. Sus obras y sus conciertos son performances artísticas, proyectos multimedia que aúnan música, proyecciones y danza junto al lenguaje hablado y escrito. La palabra, siempre protagonista. La palabra, siempre presente. Su obra gira en torno a ella y su música también.

Laurie Anderson estudió violín durante su adolescencia. Con veinte años abandonó su Chicago natal para mudarse a Nueva York y estudiar historia del arte en el Barnard College. Acabó su carrera en 1969 y en 1972 obtuvo su máster de Bellas artes en Escultura por la Universidad de Columbia. Tras su paso académico, empezó a enseñar historia del arte y arquitectura egipcia. Ese mismo año hizo su primera performance, *Automotive*. En ella dirigió una orquesta de bocinas de coches de los residentes de Vermont, lugar donde se realizó la representación. A pesar de estar enseñando arte clásico, sus performances eran tremendamente experimentales, situándola como una de las artistas pioneras del formato multimedia. Empezaba a hacerse un nombre en el círculo de vanguardia en la Nueva York de finales de los setenta y principios de los ochenta.

Fue su productora y también guitarrista Roma Baran la que la convenció para que usara una de las canciones de sus performances para grabar un single. Así nació en 1981 "O Superman". Una canción de 8 minutos, medio cantada medio hablada con su voz a veces distorsionada digitalmente junto a un loop de "ahs" cantados hasta el infinito. Un tema tremendamente innovador y poco comercial que, para sorpresa de todos, se convirtió en un éxito en Inglaterra. Gracias a ello, consiguió un contrato con Warner Bros para publicar su primer disco en 1982, el aclamado *Big Science*. Un trabajo surgido de una de sus performances de más de siete horas, *United States*.

Big Science le abrió a Anderson las puertas de la comunidad rock, un disco que retrata la sociedad americana o las difíciles relaciones entre sexos. Y lo hace como mejor sabe hacer la artista, desde su papel de narradora de historias. Laurie Anderson no es precisamente una de esas cantantes masivas cuyos discos se venden por millones, pero su calidad como representante del arte de vanguardia la ha situado en una posición privilegiada, granjeándole numerosos y fieles seguidores dentro del rock más experimental.

En 1984 publicó *Mister Heartbreak* junto a Peter Gabriel. También vio la luz ese año *United States Live*, una grabación de la performance que dio forma a su primer disco. Sus siguientes proyectos la llevaron al cine con *Home of the Brave*, un directo que ella misma dirigió y la banda sonora del film de Jonathan Demme *Swimming to Cambodia*. No volvió a grabar hasta 1989 con *Strange Angels*. Los siguientes años la mantuvieron apartada de la música y centrada en sus performances hasta que en 1994 publicó junto a Brian Eno y Lou Reed, *Bright Red*. Con este último se casaría en 2008 formando una de las parejas más interesantes e idiosincráticas del rock. Desde entonces ha publicado discos de forma irregular, prestando más atención a su carrera como artista.

Homeland, es uno de sus últimos trabajos destacados, publicado por Nonesuch en 2010. Sus performances la mantuvieron ocupada hasta 2012 cuando se retiró para cuidar a su marido enfermo. Tras la muerte de Reed en 2013 volvió al trabajo con la película *Heart of a Dog*, un sentido retrato de la pérdida dedicado a la muerte de su perro y cuya banda sonora también publicó en 2015.

Fiona Apple

La rabia del piano

13 de septiembre de 1977
Nueva York, Nueva York

Como hizo Tori Amos, Fiona Apple llevó el piano al terreno del rock alternativo. Y además lo hizo con sus canciones llenas de furia, rabia y dolor desatado, con letras crudas y dolorosas en las que no tenía miedo a desnudarse. Es difícil etiquetar a esta artista que ha sabido convertirse en figura de culto en poco tiempo. Su música tiene rock pero también un toque jazz en sus melodías y en su forma de cantar que hace de la mezcla algo único y explosivo. Su disco debut fue un éxito sin precedentes. Un trabajo provocador que le ha reportado el respeto de la crítica y del público.

Hija de la cantante Diana McAfee y del actor Brandon Maggart, parecía que Fiona Apple estaba destinada a la música. Con 12 años ya tocaba el piano y escribía canciones. Muchas de ellas eran una válvula de escape y le sirvieron para intentar exorcizar la traumática violación que había sufrido. Con 16 años dejó el instituto y se marchó a Los Ángeles. Quería dedicarse a la música. Gracias a una demo, Sony Music la fichó en 1995. Un año después publicó su sorprendente debut, *Tidal*. Un disco que demostraba su talento vocal, con una amplia variedad de registros. Su rica voz era la protagonista del álbum que le valió su primer Grammy y la convirtió en toda una figura de culto.

En *When the Pawn Hits The Conflicts He Thinks Like a King...* de 1993 Apple continuó explorando los caminos de la experimentación, creciendo como compositora. Con este disco no consiguió tanto éxito pero si que su reconocimiento como compositora creciera. Era un álbum redondo que constataba el talento de una artista que apenas contaba con 22 años. Su siguiente trabajo sería para la banda sonora de la película *Magnolia* del director Paul Thomas Anderson, con el que salía en aquellos momentos.

Seis años tardó en publicar su siguiente disco, *Extraordinary Machine*, el mejor de su carrera. Muchos fueron los rumores que corrieron por entonces. Su perfeccionismo hizo que rechazara las grabaciones que había hecho con el productor John Biron que cambió por Mike Elizondo. Por desgracia, las grabaciones originales se filtraron en internet causando aún más rumores y polémica. *Extraordinary Machine* vio por fin la luz en 2005 tras circular por internet durante años.

The Idler Wheel Is Wiser Than the Driver of the Screw and Whipping Cords Will Serve You More Than Ropes Will Ever Do fue su tercer disco y el más desnudo. Una vuelta a sus inicios. Se centró en el sonido de su magnética voz y el piano. Aunque no es un disco de fácil escucha, consigue atrapar al oyente. Lo publicó casi siete años después de su anterior trabajo. Exhausta tras sus problemas con *Extraordinary Machine*, decidió tomar las riendas de este tercer disco y producirlo ella misma junto a su batería, Charley Drayton. Minimalista y sin adornos pero preciosista y delicado, este trabajo sirvió para demostrar que había alcanzado la madurez como compositora.

B

Babes in Toyland

El grito rabioso del grunge

1987-2001
Minneapolis, Minneapolis

Quizás lo que más caracteriza el sonido de Babes in Toyland es el grito desgarrado de su cantante Kat Bjelland, no tenía porque ser un grito de rabia, también podía ser de alegría, euforia o frustración. Pero ese grito, marcó un punto de inflexión en el sonido al que otras bandas femeninas nos tenían acostumbrados. Junto a L7 o Hole, Babes in Toyland se erigieron en pioneras del grunge. Con sus vestiditos de niña buena, Bjelland y compañía se subían al escenario para ofrecer un rock crudo y guitarrero.

Kathy Bjelland nació en 1963 en Oregón donde fue criada por sus padres adoptivos. Su infancia no fue fácil y a menudo sufría abusos físicos y mentales, algo que sin duda marcó las letras de sus futuras composiciones.

Después del instituto fue a la universidad por un tiempo y tocó la guitarra eléctrica en la banda de surf de su tío, The Neurotics. Se mudó a Portland y empezó a trabajar como stripper para ganarse la vida. Fue allí donde conoció a Courtney Love. Ambas querían formar una banda, así que junto a Jennifer Finch (L7) crearon Sugar Baby Doll, aunque el grupo tendría una vida bastante corta.

Hasta que no conoció a Lori Barbero en 1987, Babes in Toyland no nació como grupo. Ambas estaban hechas para tocar juntas. Barbero no tenía mucha idea de tocar la batería pero se lanzó a ello sin pensárselo demasiado. Bjelland se encargó de las voces y la guitarra. Poco después Michelle Leon se les unió al bajo. En 1989 publicaron su primer single "Dust Cake Boy". En 1990 firmaron con el sello Twin/Tone que sacó su primer disco, *Spanking Machine*. Pronto su potente sonido llamó la atención de Sonic Youth que se las llevó como teloneras de su gira por Europa en 1991, algo que las ayudaría a abrirse camino. Su música tenía un sonido desgarrado pero una fuerte presencia femenina en sus letras, en sus canciones y en su puesta en escena en directo. Su siguiente trabajo fue un EP, *To Mother*, que recibió muy buenas críticas y fue todo un éxito en las listas independientes, sobre todo en Inglaterra. Poco después firmaron con Reprise.

Leon dejó la banda en 1992 cansada de las largas giras y tras la muerte de su novio. Joe Cole, *roadie* de Black Flag, era asesinado en Los Ángeles mientras él y Henry Rollins eran atracados. Maureen Herman la sustituyó a tiempo para grabar *Fontanelle*, producido por Lee Ranaldo de Sonic Youth. Su mejor trabajo, *Fontanelle* era un disco crudo y directo, sin concesiones. Incluso ellas mismas se sorprendían que una major quisiera publicarlo. El álbum incluyó su single "Bruise Violet", una canción aparentemente contra Courtney Love con un vídeo dirigido por la artista Cindy Sherman. El vídeo apareció en el programa de la MTV *Beavis and Butt-Head*, lo que les dio más fama y repercusión mediática.

En 1993 publicaron el EP *Painkillers* y se convirtieron en la única banda femenina en el cartel del festival Lollapalooza. Aunque este festival les acercó a otros públicos, no supieron aprovechar el éxito del momento. Tardaron dos años en sacar su siguiente disco *Nemesisters* de 1995, un trabajo más experimental al que parecía faltarle la rabia de sus anteriores trabajos.

En 1996 la banda se tomó un respiro y Bjelland formó Katastrophy Wife junto a su marido Glen Mattson. Babes in Toyland se han juntado esporádicamente durante los últimos años, en 2014 fue su última reunión para una gira que incluyó su incendiario paso por el Primavera Sound 2015.

Joan Baez

La voz de la revolución

9 de enero de 1941
Staten Island, Nueva York

Ella fue la voz del folk de principios de los sesenta, pero también se convirtió en la imagen de la canción protesta y de la lucha incansable por los derechos humanos. Sus canciones fueron evolucionando a la par que su compromiso político, denunciando la segregación racial, las listas negras, la guerra de Vietnam o lo que hiciera falta. No hay causa en la que esta mujer combativa no se haya visto envuelta desde sus primeros años. Respetada como cantante y figura del género, ella fue la persona que le abrió las puertas del folk y del estrellato a Bob Dylan. Una mujer tremendamente influyente para todas las que vinieron después.

Aunque nació en Staten Island, Joan Baez vivió sus primeros años trasladándose de una ciudad a otra a causa del trabajo de su padre. De adolescente descubrió las enseñanzas de Gandhi y empezó su camino en la lucha contra las injusticias del mundo. Ya en 1957 era protagonista de un acto de desobediencia civil negándose a abandonar su instituto durante un simulacro de ataque aéreo. Mientras, la música se convertía en una presencia constante en su vida. Aprendió a tocar la guitarra y el ukele, cantaba en el coro de su escuela, escuchaba a The Weavers u Odetta y cuando se mudó con su familia a Boston, se unió a la floreciente escena folk de la ciudad. Habitual de las hootenannys, su voz clara se ganó el favor del público desde el principio, recuperando canciones tradicionales.

En 1959, el cantante Bob Gibson la invitó a debutar en el Newport Folk Festival, juntos cantaron dos canciones "Virgin Mary Had A-One Son" y "We Are Crossing Jordan River". Su éxito fue tal que Albert Grossman quiso ficharla iniciando negociaciones con Columbia. Joan Baez prefirió seguir su propio camino, por eso, rechazó la propuesta de Grossman y firmó con Vanguard. Era el único sello que se atrevía a publicar a sus amados The Weavers, a pesar de que tres de sus miembros estaban acusados de comunistas y condenados a engrosar las listas negras de la cruzada anticomunista de McCarthy.

En 1960 publicaba su primer disco, *Joan Baez*, que se convirtió en uno de los discos de folk más vendidos hecho por una mujer. Obtuvo seis discos de oro. A sus éxitos musicales también se unía una imagen inusual, casi poco glamourosa, que centraba la atención en su música y no en su apariencia física. En aquella época, las listas estaban plagadas de mujeres llenas de kilos maquillaje, pelucas y vestidos vistosos, pero Baez salía al escenario con la cara limpia, el pelo liso y natural y una sencillez rayana en lo espartano. La revista Time la colocó en su portada, mientras su música evolucionaba de los temas más tradicionales del folk hacia la canción protesta. En 1963 y tras publicar sus exitosos *Joan Baez Vol.2* y *Joan Baez in Concert* introdujo a Bob Dylan en la escena folk. Ella le abrió las puertas de la fama invitándolo a tocar en el Newport Festival. El resto es historia. La reina y el rey del folk protesta habían hecho su aparición.

La música de Joan Baez fue reforzando su mensaje de compromiso durante la década de los sesenta y se convirtió en uno de los pilares fundamentales de su carrera. Tocó en locales solo para negros con tal de fomentar la integración en el Sur, participó junto al Dr. Martin Luther King en la famosa marcha de Washington en agosto de 1963 cantando "We Shall Overcome", se negó a actuar en programas de televisión que prohibían las actuaciones de Pete Seeger por estar en la lista negra, estuvo en la cárcel por protestar contra el reclutamiento obligatorio durante la guerra de Vietnam e incluso visitó Hanoi. A finales de los sesenta y principios de los setenta empezó a escribir sus propias canciones y sus discos se acercaron más hacia el pop rock, *Diamonds & Rust* de 1975 es un buen ejemplo de ello. Uno de sus mejores discos y uno de sus trabajos más personales. No hay duda de que Joan Baez es una de las figuras preeminentes de la música folk pero también una de las cantantes más comprometidas. Su aportación, no solo musical, ha dado un nuevo significado a lo que hoy entendemos como música popular en los EEUU.

LaVern Baker

La condesa

11 de noviembre de 1929 – 10 de marzo de 1997
Chicago, Illinois – Nueva York

Una de los primeros nombres que vienen a la cabeza cuando se habla de los inicios del rock y se piensa en voces femeninas es sin duda el suyo. Su mezcla de jazz, R&B y blues supondría un paso decisivo hacia el rock. Siendo sobrina de Memphis Minnie, no es extraño que LaVern Baker acabara en el mundo de la música. Su siempre seductora y versátil voz cautivó al público y le dio la fama. El misterio rodeó a esta excelente cantante durante años. Nunca quiso ser encasillada y supo mantenerse fiel a lo que quería cantar, sin importarle las modas.

Antes de ser LaVern Baker, se llamó Delores Williams, pero también Bea Baker o Little Miss Sharecropper. Nunca confirmó su verdadero nombre. Empezó a cantar con 10 años y con 17 ya tenía un contrato con el Club DeLisa de Chicago. En 1953 firmó con la discográfica Atlantic y facturó su primer gran éxito, "Soul On Fire". Le seguirían muchos más. Sus temas sonaban habitualmente en los shows del famoso DJ Alan Freed y participó en varias películas dedicadas al rock and roll junto a él como *Rock, Rock, Rock* y *Mr. Rock & Roll.* Tras una década de éxitos, dejó Atlantic para publicar brevemente con Brunswich Records. No quiso que la consideraran una cantante de género y siempre huyó de la etiquetas. Era cantante y punto. Tenía una voz incendiaria y profunda que imprimía a todas las melodías que cantaba la emoción de alguien que lleva la música grabada en el adn.

A finales de los sesenta Baker fue a entretener a las tropas en Vietnam y desapareció del mapa durante casi dos décadas. Mucho fue lo que se especuló, pero nadie sabía que había sido de ella. Lo cierto es que una grave enfermedad la mantuvo hospitalizada. El médico le recomendó un clima cálido y decidió que su siguiente destino sería Filipinas. Allí se quedó hasta los años ochenta, cantando en clubs y hoteles y luego dirigiendo el local musical de la base americana. No parecía tener ganas de volver, tampoco le hacia falta. Estaba a gusto, se ganaba la vida con lo que le gustaba: la música. Nada más importaba.

Poco podía imaginarse Lavern Baker que alguien seguiría teniendo interés en ella después de tantos años. Pero si no lo sabía, le quedó claro cuando volvió a los Estados Unidos para participar en el aniversario de Atlantic. Para ella, fue la época del redescubrimiento. Su popularidad volvió a florecer, su voz seguía ahí, intacta y poderosa. Broadway la acogió en su seno y sustituyó con éxito a Ruth Brown en el musical *Black and Blues*. Ella fue una gran diva y siempre será recordada por su voz seductora y un alma llena de fuego.

Courtney Barnett

La nueva voz del indie rock

3 de noviembre de 1987
Sidney, Australia

Una de las voces más prometedoras del indie rock actual es esta australiana que cuenta a sus espaldas con apenas un disco y dos EPs. No hay duda de que Courtney Barnett llegó como un soplo de aire fresco en 2012 cuando debutó con su primer EP, I've Got a Friend Called Emily Ferris, toda una sorpresa en la escena australiana. Su siguiente EP y su primer largo han servido para confirmarla como una de las promesas de la música independiente.

Courtney Barnett nació en Sidney pero se crió en Tasmania, donde sus padres se mudaron cuando era adolescente. Cuando tenía 20 años decidió

trasladarse a Melbourne, una ciudad con una escena musical mucho más interesante que el pueblo donde habían decidido asentarse sus padres.

Después de tocar con varias bandas y en solitario, Barnett decidió autoeditar su primer EP *I've Got a Friend Called Emily Ferris* en 2012. Su mezcla de garage rock y folk causó sensación en su Australia natal. Un año después publicaba su segundo EP *How to Carve a Carrot into a Rose*. Ambos trabajos se reeditarían más tarde conjuntamente como *The Double Ep: A Sea of Split Peas*.

Pronto Barnett dio el salto internacional, la prensa empezó a tomar nota de su debut y se la consideró una de las revelaciones musicales de 2013. Poco después fue invitada a participar en el CMJ Music Marathon de Nueva York. En 2015 llegó su primer y aclamado disco *Sometimes I Sit and Think, and Sometimes I Just Sit*. Un disco repleto de canciones que son un sentido retrato del mundo que le rodea y que la confirman como una gran compositora en ciernes.

Pat Benatar

La primera voz del hard rock

10 de enero de 1953
Brooklyn, Nueva York

Ella fue una de las grandes voces femeninas del rock en los ochenta, su potencia vocal le facilitó cambiar de registro con soltura pasando del rock duro a la balada melódica o el pop-rock. Sus vídeos eran de los más emitidos en los inicios de MTV. Pat Benatar supo representar con su actitud el papel de chica dura y su música reflejó ese aspecto de su personalidad. Sus directos así lo atestiguan. Su voz rasgada ayudó a crear su sonido característico, algo que

le valió ganar varios premios Grammy durante cuatro años consecutivos en los ochenta. Y aunque posteriormente no tuvo tanta presencia como en esos años, es indudable el papel que ha tenido como cantante en el rock.

Patricia Andrzejewski cambió de apellido tras casarse con su novio Dennis T. Benatar. Con formación clásica en ópera, de ahí su versatilidad vocal, su verdadera pasión era el rock and roll. Tras casarse con Benatar abandonó la música por un tiempo y trabajó como cajera de un banco, pero pronto se cansó. El rock llamaba a su puerta y decidió volver a cantar. Pat Benatar fue descubierta en un concurso y gracias a ello firmó con Chrysalis. Su banda estaba liderada por el guitarrista Neil Giraldo, con el que se casaría después de divorciarse de su primer marido. Con su álbum de debut en 1979, *In the Heat of the Night*, Benatar se convirtió rápidamente en una estrella. Su single más exitoso fue "Heartbreaker". Otro de sus temas, "I Need a Lover" fue escrito por un desconocido John Mellencamp. En 1980 publicó el que es considerado su mejor disco, *Crimes of Passion.* Un trabajo que le abrió las puertas de los Grammy. Con temas tan rockeros como "Hit Me with Your Best Shot" o "You Better Run", además incluía "Hell is for Children", uno de los primeros temas en hablar del abuso a menores. En 1981 llegaba su tercer trabajo *Precious Time.* Sus tres primeros discos son los más rockeros, con riffs de guitarra potentes y su voz alcanzando cotas impensables. Aunque en los años restantes de las década llenó estadios y publicó prolíficamente *Get Nervous* en 1982, *Live from Earth* en 1983, *Tropico* en 1984, *Seven the Hard Way* en 1985 y *Wide Awake in Dreamland* en 1988, su música se fue suavizando y acercando más al pop-rock.

En 1991 cambió de registro con *True Love,* un álbum de blues y R&B que no tuvo demasiado éxito. Aunque ha publicado más discos volviendo al sonido que la hizo famosa como *Gravity's Rainbow* en 1993, *Innamorata* en 1997 y *Go* en 2003, los resultados no llegarían a la altura de sus primeros trabajos y pasarían sin pena ni gloria. En 2010 salían a la luz sus memorias *Between a Heart and a Rock Place.* Con su marido Neil Giraldo sigue girando para celebrar sus más de 35 años de carrera.

Björk

El espíritu libre e iconoclasta

21 de noviembre d 1965
Reikiavik, Islandia

La banda de rock más importante de Islandia, The Sugarcubes fue el primer paso hacia el éxito de Björk. Pero en cuanto en 1992 emprendió su carrera en solitario, la cantante eclipsó rápidamente la fama de su banda predecesora. Björk además se ha convertido en una de las cantantes y compositoras más iconoclastas, irreverentes e innovadoras de las últimas décadas. Con 11 años ya publicaba discos en su país natal y ha seguido haciéndolo sorprendiendo en cada una de sus encarnaciones musicales, siempre sin miedo a cambiar y reinventarse.

Björk Gumunsdóttir publicó su primer disco con apenas 11 años. Fue un disco de versiones con un tema propio que se convirtió en un hit en Islandia.

Sus profesores enviaron una cinta en la que cantaba "I Love to Love" de Tina Charles a la radio y así consiguió su primer contrato discográfico. En los setenta Björk se sumergió en el post-punk formando varias bandas como Jam 80, Tappi Tikarrass o KUKL. Con este último editó dos discos *The Eye* en 1984 y *Holidays in Europe* en 1986, ese mismo año la banda se transformó en The Sugarcubes.

The Sugarcubes se convirtieron en la única banda islandesa que saltó con éxito de sus tierras al resto del mundo. Su disco de debut *Life's Too Good* fue todo un éxito tanto en Inglaterra como en América. Fueron cuatro años y tres discos de carrera imparable. En 1990 Björk demostraba su querencia por los cambios de estilo grabando con el grupo de bebop islandés Trio Gudmundar Ingolfssonar el disco *Gling-Gló*. En 1992 Sugarcubes se separaron y la cantante emprendió su carrera en solitario.

Björk se trasladó a vivir a Londres y su sonido evolucionó hacia el dance abandonando sus inicios post-punk. *Debut* de 1993 fue el primer disco de esta nueva etapa y el que la consagró. Desde entonces ha publicado álbumes incansablemente, siempre experimentando e innovando, arriesgando en cada trabajo, sin dormirse en los laureles del éxito. Convertida ya en figura de culto, su último trabajo fue *Vulnicura* de 2015, una versión acústica del mismo fue publicada ese mismo año bajo el nombre de *Vulnicura Strings*.

Nicki Bluhm

La voz que mira al pasado renovándolo

22 de septiembre de 1979
Lafayette, California

Como la propia Nicki Bluhm ha confesado, su música entronca con otra época, pertenece a otras décadas, pero lo hace siempre de una forma totalmente contemporánea. Aunque fue descubierta por el que sería su marido, Tim Bluhm, guitarrista y vocalista de The Mother Hips, Nicki tiene una voz propia y una poderosa presencia escénica. Con una voz versátil, Nicki Bluhm es otra de las mujeres del rock a tener en cuenta.

Fue en 2007 cuando Nicki se cruzó en el camino de Tim Bluhm. Viendo su talento, este se ofreció a ser su mentor y ayudarla a grabar su primer trabajo. Demasiado tímida para cantar en directo, necesitaba un empojuncito antes de saltar al escenario. Él la animó a lanzarse en solitario y le presentó al guitarrista Deren Ney, amigo suyo de la infancia, que se convertiría en su colaborador más fiel. Meses después ella y Bluhm se casaban.

Nicki Bluhm lanzó su primer álbum *Toby's Song* ayudada por su marido en 2008. Grabado junto a Jackie Green, Steve Adams de ALO y John Hofer de The Mother Hips, en sus canciones se mezclaban el country, el folk y el rock. Su segundo trabajo *Driftwood* de 2011 parecía un disco sacado de otra época, de ese rock setentero que tanta buena música nos ha dado. Para girar y promocionarlo formó The Gramblers, su banda, junto a su marido y Deren Ney, más el guitarrista Dave Mulligan, Steve Adams al bajo y Mike Curry a la batería.

En 2011 Nicki y su marido publicaban *Duets*. Mientras, la banda seguía creciendo en popularidad. Su siguiente disco ya fue como Nicki Bluhm And The Gramblers. Publicado en 2012, *Nicki Bluhm And The Gramblers* debutó en el Top Ten de la lista Billboard de nuevos artistas. Nicki, su entonces aún marido, y Deren Ney se dividían las tareas compositivas, aunque los mejores temas los aportaba la cantante, narrando sus propias experiencias.

La banda empezó en 2011 sus famosos vídeos "Van Sessions", versiones que grababan en su furgoneta mientras iban en ruta de concierto en concierto. Su versión número 17, la del "I Can't Go For That (No Can Do)" de Hall & Oates se convirtió en viral y recibió más de un millón de visitas en youtube en una semana. En sus populares vídeos se pueden escuchar versiones de Funkadelic, The Beatles, Marvin Gaye, Van Morrison, Pat Benatar, Patsy Cline o Dolly Parton junto a Kenny Rogers, entre otros.

Su último disco *Loved Wild Lost* data de 2015. Un trabajo enraizado en el country rock que se transforma en una explosión sonora rockera en directo. Con una voz sincera, emocional y poderosa al mismo tiempo, Bluhm canta al desamor. Su matrimonio se rompió poco después de grabar el disco.

Ruth Brown

Miss Rhythm, luchadora incansable

12 de enero de 1928 – 17 de noviembre de 2006
Portsmouth, Virginia - Las Vegas, Nevada

Mucho tiene que agradecer Atlantic a Ruth Brown. Probablemente la compañía no hubiera existido como tal sin su portentosa voz. Fue durante una década la reina de la discográfica, una verdadera hacedora de hits que iban directos a los primeros puestos de las listas. Su voz y sus canciones, aunque clasificadas como R&B, tenían indudablemente el pulso que marcaba el rock and roll. Luchadora incansable, se enfrentó a la compañía que levantó desde la nada, por sus derechos y por los de sus compañeros músicos.

El padre de Ruth Weston era predicador y director del coro, por lo tanto, no es de extrañar que acabara cantando en el coro de su iglesia. Pero la pequeña Ruth era una rebelde y lo que más le gustaba era escuchar esa música del diablo, como la calificaba su padre, que sonaba en los antros de la ciudad. Cantaba a escondidas en los locales de música y a los 16 años se fugó de casa para casarse con el trompetista Jimmy Brown y emprender su carrera como cantante. La hermana de Cab Calloway le dio su primera gran oportuni-

dad en su club, poco antes de convertirse en la voz que levantaría el sello Atlantic. Ahmet Ertegun la esperó durante un año mientras se recuperaba después de sufrir un accidente de coche. Confiaba en su arrollador talento y acertó. Durante diez años, Brown facturó hit tras hit para la compañía. "So Long" o "Teardrops from My Eyes" fueron los primeros de muchos éxitos que llenarían las arcas de Atlantic, algo que no revertiría en el bolsillo de la propia Brown.

La cantante era una luchadora nata y activista por los derechos civiles. Solía cantar frecuentemente en el sur contra la segregación, a pesar de las amenazas constantes que sufría. Los cambios en las modas y el desinterés de la discográfica hizo que Ruth se marchase de la compañía que creó a golpe de melodías sin un duro y con un montón de deudas. Diez años pasó perdida para la música, trabajando como asalariada y criando de sus hijos mientras malvivía con un sueldo exiguo.

A mediados de los setenta Ruth Brown volvió a recuperar su carrera, se convirtió en actriz de teatro y televisión y en los ochenta alcanzó de nuevo el éxito en Broadway con el musical *Black and Blues*. Empezaba también en esos años su lucha contra Atlantic para recuperar los derechos de sus canciones. Fueron nueve años en los que peleó, como una leona defendiendo a sus cachorros, hasta recuperar lo que le pertenecía por ley. No contenta con ello y viendo la situación en la que muchos de sus compañeros acababan por los mismo motivos, en 1988 fundó la Rhythm & Blues Foundation. Ruth Brown no sólo fue una de las cantantes más importante de la década de los cincuenta sino también un símbolo de la fuerza y la tenacidad, una luchadora incansable que supo recuperar el sitio que le pertenecía en la historia de la música gracias a su esfuerzo.

Kate Bush

La voz mística

30 de julio de 1958
Kent, Inglaterra

Kate Bush creó su propio mundo, un imaginario particular al que le cantaba con esa voz única, casi un lamento. No ha habido nadie como ella y probablemente nunca lo habrá. Aunque fue encasillada injustamente como la rara y a veces no se la tomó en serio, Bush consiguió algo impensable para una mujer e incluso para un músico masculino, control completo de su carrera. Rompiendo los tabúes de la música respecto a la mujer, Kate Bush ha escrito desde todos los puntos de vista posibles y los que no eran posibles se los ha inventado. Trató temas como el sexo de una manera descarnada que hería sensibilidades, sobre todo las masculinas. Alejada de los escenarios y los focos, no concede entrevistas, apenas ha actuado en las últimas décadas y ha alimentado la leyenda que rodea a su persona. Sin Kate Bush probablemente Amanda Palmer, Tori Amos o incluso Lady Gaga no existirían tal y como las conocemos.

Catherine Bush nació en el seno de una familia artística. Su padre tocaba el piano y su madre era bailarina de folk. De pequeña estudió violín y aprendió a tocar el piano de manera autodidacta. De adolescente ya escribía sus propias canciones. Un amigo de la familia la introdujo en la música de forma profesional cuando le llevó una demo de Bush a David Gilmour de Pink Floyd. Apenas tenía 16 años y firmaba su primer contrato con EMI. Debido a su juventud, la compañía le permitió llevar una carrera pausada

mientras tomaba lecciones de danza, mimo y canto. Fueron tiempos para desarrollar su talento como compositora. Algo impensable hoy en día.

Para coger tablas sobre los escenarios formó The KT Bush Band con los que tocaba en pubs locales. Necesitaba curtirse. En 1977 empezó a grabar su primer disco, *The Kick Inside*. Ella misma insistió en que "Wuthering Heights", basado en la novela de Emily Brönte, fuera el primer single. El tema se convertiría en estandarte de su trabajo posterior. Elementos literarios, canciones llenas de referencias y de mundos interiores dentro de sus letras. Y detrás, su voz fantasmal que la llevó al número 1 de las listas británicas. Kate Bush sufrió como otras cantantes en los setenta que se la viera como un cuerpo más que una intérprete, la prensa destacaba su figura como sex symbol e incluso pasaba por alto que ella misma componía y tocaba el piano en sus canciones. Sus composiciones mostraban referencias sexuales directas y provocativas. Bastante inusual para una mujer, e incluso para un hombre, algo para lo que muchas personas parecían no estar preparadas.

Su segundo disco *Lionheart* sufrió de la inexperiencia de su juventud, del no saber imponer su criterio ante un productor que la veía como una jovencita que no sabía nada del negocio musical. Esto hizo que Bush quisiera tomar el control de su trabajo en posteriores discos. Formó su propia compañía de management y pasó a gestionar los derechos de sus canciones directamente, junto a su familia como ayudantes. Distanciándose de la industria, Kate Bush consiguió sentir la libertad que le hacía componer y crear sin intromisiones. Poco después haría su primera, y prácticamente última, gira. Participó en todo el proceso de la misma, desde la creación del vestuario, las luces o la selección de los músicos que la acompañaban. Sería una de las primeras cantantes en usar micros sin cable para poder bailar con libertad por el escenario. Aunque las 28 fechas fueron un éxito de crítica, acabó tan exhausta que no volvió a actuar en directo en más de diez años.

Este hecho y tardar tanto en grabar discos, entre tres y cinco años, ayudaron a crear la leyenda de la misteriosa y enigmática Kate Bush. A principios de los ochenta publicaba su tercer disco *Never For Ever* que incluía su famoso single "Babooshka". Fue entonces cuando empezó a co-producir sus trabajos, un paso esencial para tener el control que ansiaba de su obra. *The Dreaming* fue el primero de sus trabajos producido en solitario y un cambio significativo en su forma de entender la música, acercándose más a la electrónica y tomando un tono más oscuro en sus canciones.

En 1985 resurgió con un disco creado en el estudio que se hizo construir en su casa, *Hounds of Love*. Con "Running Up That Hill", Kate Bush se abrió paso en las listas americanas por fin. Su sonido había evolucionando y madurado. Cuatro años pasaron hasta que publicó *The Sensual World* y cuatro más hasta *The Red Shoes*, un disco inspirado en el film de Michael Powell y Emeric Pressburger. La música de Bush siempre se ha asociado al arte, al cine, a la poesía y sus letras así lo atestiguan.

Poco después volvía a desaparecer, durante este tiempo se retiró a su casa en el campo y fue madre. Tras 12 años de ausencia, volvió con el álbum doble *Aerial*. En 2011 publicó *50 Words for Snow* junto al batería Steve Gadd, su hijo Bertie y Elton John. Y en 2014 volvió a salir de su retiro para sorpresa de todos, para una gira cuyas entradas se agotaron en apenas 15 minutos. Continúa el misterio de la voz más enigmática e inusual de la historia del rock.

C

Anna Calvi

La intensidad sonora

24 de septiembre de 1980
Twickenham, Inglaterra

Brian Eno ha dicho de ella que es "lo mejor desde Patti Smith". Con esas credenciales es normal entender la admiración que genera la cantante. Su directo es potente, descarnado y de una contundencia e intensidad sonora sin igual. La comparan con PJ Harvey, puede que sea su mejor heredera, pero su música va más allá. Sus influencias del blues, el flamenco y el rock más oscuro hacen de su música uno de los descubrimientos más interesantes de la última década. De padres italianos, Anna Calvi pasó sus primeros años de vida de hospital en hospital a causa de una enfermedad congénita. La música se convirtió en su válvula de escape.

Con seis años tocaba el violín y con ocho la guitarra. Pronto descubrió a Hendrix y Django Reinhardt, dos de sus grandes influencias como guitarrista. Aunque empezó estudiando arte, optó por la música definitivamente. Su estilo sonoro se fue conformando aunando todas estas influencias. Su single de debut "Jezebel" de 2010, una versión eléctrica y desgarrada de Edith Piaf, llamó la atención de Lawrence Bell de Domino Records que decidió ficharla.

Calvi grabó su debut homónimo en los Black Box estudios de Francia con el aclamado Rob Ellis como productor. Grabado de manera tradicional y con equipo analógico, el disco se convirtió en el descubrimiento musical de 2011. Pronto llegaron las nominaciones y buenas críticas, incluso estuvo nominada al prestigioso premio Mercury. Poco después, Nick Cave la escogió como telonera para acompañar a Grinderman. Calvi publicó su segundo disco, *One Breath* en 2013. El EP *Strange Weather* de 2014 es su último trabajo que incluyó la colaboración de David Byrne.

Karen Carpenter

La fragilidad de la niña bonita de América

2 de marzo de 1950 – 4 de Febrero de 1983
New Haven, Connecticut - Downey, California

La historia de Karen Carpenter fue el ejemplo de como la imagen que la sociedad imponía a las mujeres en aquellos años podía destruirlas. Mientras

Janis Joplin era calificada como la chica mala, Karen Carpenter era vista como la chica buena, la hija que todo americano querría tener. Un tópico que le costaría caro. Su suave voz, su sonrisa alegre, su pasión por tocar la batería se verían truncadas por la anorexia, una enfermedad de la que entonces se hablaba poco. La imagen de dúo perfecto que formaría con su hermano Richard, esa imagen de la América feliz que todo el mundo desea, es la que la convertiría en víctima. A veces incluso ocultando el talento que siempre tuvo Karen Carpenter.

Ni sus padres ni sus hermanos veían con buenos ojos que tocara la batería, no lo consideraban apropiado para una chica. A ella le dio igual. Siempre fue su gran pasión, pocas mujeres demostraban una querencia tal por la batería en aquellos días. Aunque posteriormente se la vio tocar en raras ocasiones, en los Carpenters se centró más en cantar. Karen y su hermano Richard junto a Wes Jacobs ganaron una batalla de bandas en 1966. Algo que les ayudó a conseguir un contrato con RCA. Como Richard Carpenter Trio grabaron cuatro canciones que jamás vieron la luz. Los hermanos formaron poco después Spectrum junto a John Bettis. El grupo no duró mucho. Fue entonces cuando ambos decidieron que seguirían su camino como dúo. Una de las cintas que grabaron llegó a manos de Herb Alpert de A&M Records. En 1969 firmaron con el sello. Sería el inicio de su exitosa carrera como Carpenters. El dúo se convirtió en poco tiempo en una de las bandas más famosas de las década de los sesenta. Y la suave voz de Karen Carpenter tuvo buena parte de responsabilidad en ese éxito.

Fueron cinco años dorados, de éxitos en las listas, pero también fueron los años en los que empezarían los problemas de salud de Carpenter. La anorexia iba minando su cuerpo. Perfecta, alegre y delgada. La mujer ideal se desmoronaba detrás del personaje. Las presiones de su familia, su hermano y su madre, no ayudaron. Cuando la fama del dúo decayó y su hermano decidió tomarse un respiro, Karen aprovechó para grabar un disco en solitario junto a Phil Ramone. Llena de dudas, ni su hermano ni la compañía la apoyaron, vio como el único intento de ser ella misma y demostrar su talento caía en saco roto. Le pidieron que volviera a los Carpenters. Lo hizo, aunque ya nunca sería lo mismo. En 1981 publicaron *Made in America*, su último disco juntos. Mientras, un matrimonio desgraciado ayudaba a minar más su carácter. Los continuos problemas de salud de Karen obligaban al dúo a cancelar una gira tras otra. Finalmente, en 1983 Karen Carpenter moría de un ataque al corazón a los 33 años. Desaparecería una gran voz, víctima de las presiones que la sociedad le impuso: ser más guapa, ser perfecta, cumplir tu papel de chica mona y sonreír. Ella simplemente quería cantar y tocar la batería.

Neko Case

El rock fino y sutil

8 de septiembre de 1970
Alexandria, Virginia

Neko Case tiene el don de la voz, pero es un don misterioso que se mueve entre varios mundos. Su voz le permite surcar con facilidad por el country de sus primeros discos en solitario, el rock elegante de sus últimos trabajos o incluso el punk rock de sus inicios como batería. Tanto con The New Pornographers como en su carrera en solitario, Neko Case es una cantante y compositora virtuosa que ha logrado erigirse como una de las voces imprescindibles de la escena indie rock actual. Y lo ha hecho, gracias a sus canciones y sus letras, en las que no tiene miedo a decir lo que piensa por duro que sea.

Aunque nació en Alexandria, de niña estuvo en constante movimiento, mudándose de un sitio a otro con su familia hasta que se asentaron durante

su adolescencia en Tacoma, Washington. Con 15 años se emancipó de sus padres y pronto empezó tocar la batería en grupos de punk rock. En 1994 se mudó a Vancouver para estudiar en la escuela de arte. Allí se unió al grupo de punk Maow. Sacaron un disco. Pero como siempre ha sido una mente inquieta, empezó a colaborar con otras bandas como The Wasles e incluso formó su propio grupo, Her Boyfriends. Con ellos publicó su primer disco en solitario en 1997, *The Virginian*. Un álbum de country, mezcla de canciones propias y versiones.

Case compaginaba su trabajo como solista con innumerables proyectos pero fue su entrada en The New Pornographers la que le abrió las puertas al reconocimiento internacional. Cuando acabó sus estudios volvió a Washington y publicó su segundo disco con Her Boyfriends, *Furnace Room Lullaby*, un trabajo melancólico, sentido y oscuro. Poco después se mudó a Chicago, su primer trabajo allí fue *Canadian Amp* de 2001, un disco que grabó de forma casera. Un año después vio la luz *Blacklisted*, más oscuro aún y con canciones sobre asesinos en serie, dolor y angustia. Fue el disco que mejores críticas tuvo y que le permitió girar junto a Nick Cave.

En 2004, Case firmó por el prestigioso sello Anti Records y publicó el directo *The Tigers Have Spoken*. Grabado junto a la banda The Sadies, incluía versiones de Loretta Lynn o The Sangri-Las. La grabación de su siguiente trabajo, *Fox Confessor Brings the Flood* de 2006, le obligó a tomarse un respiro con The New Pornographers. Este disco era más melódico, más pausado pero igualmente oscuro en lo que a letras se refiere. Es su álbum más redondo y en el que le acompañaron miembros de The Sadies, Calexico, Howe Gelb, Kelly Hogan e incluso el mítico Garth Hudson de The Band. Una obra maestra que servía para reafirmar su talento no solo como cantante sino también como compositora.

Con The New Pornographers de nuevo, Case grabó *Challengers* en 2007. Acostumbrada a vivir de un sitio a otro desde niña, parece que quería seguir en movimiento, volvió a mudarse a Tucson, Arizona. Entre su casa, Brooklyn, Toronto y la granja que se compró en Vermont grabó *Middle Cyclone*, publicado en 2009. Su trabajo más pop. Un año después volvía a colaborar con The New Pornographers en *Together*, siempre manteniendo el equilibrio entre su carrera en solitario y la de la banda. En 2013 llegó su quinto disco en solitario, de título inacabable, *The Worse Things Get, The Harder I Fight, The Harder I Fight, The More I Love You*. Este es su disco más experimental pero también el más maduro, en el que además se rodeó de nuevo de grandes de la música como M. Ward, Steve Turner de Mudhoney, miembros de Los Lobos, My Morning Jacket, Visqueen y sus compañeros en The New Pornographers, además de los habituales Howe Gelb, Calexico y Kelly Hogan.

Cat Power

La voz de la fragilidad

21 de enero de 1972
Atlanta, Georgia

Cat Power se ha erigido en una de las cantantes más aclamadas de la últimas décadas y lo ha hecho gracias a sus emocionales y frágiles composiciones, potentes y delicadas al mismo tiempo. La escena indie rock la recibió como un soplo de aire fresco. Cat Power ha evolucionado y se ha transformado disco a disco. Chan Marshall nunca ha tenido miedo a arriesgarse sonora-

mente. Lástima que los últimos años su música haya sufrido de sus altibajos emocionales y mentales.

Charlyn Marie Marshall es hija de un músico de blues. Sus padres se divorciaron siendo niña y su infancia estuvo marcada por un constante movimiento a causa del trabajo de su padrastro. Empezó a escribir canciones cuando estaba en el colegio. Con 16 años se mudó a Atlanta con su padre pero dos años después dejó el instituto y se independizó. Aprendió a tocar la guitarra de manera autodidacta. Pronto empezó a actuar con un grupo de amigos que hacían rock experimental. Estuvo en varias bandas antes de formar Cat Power, nombre artístico que adoptó cuando emprendió su camino en solitario.

En 1992 se mudó a Nueva York donde entró en contacto con las escenas free jazz y de música experimental. Se notó en su música, sus primeras actuaciones fueron conciertos semi improvisados. Un año después sacó su primer single con las canciones "Headlights" y "Darling Said Sir", le ayudó la banda God Is My Co-Pilot. Como telonera de Liz Phair llamó la atención de Tim Foljahn de Two Dollar Guitar y Steve Shelley de Sonic Youth. Con ambos grabó su primer disco en 1995, *Dear Sir*, donde se mezclaba con total naturalidad blues, country, folk y punk junto a sus emotivas letras. *Myra Lee* le siguió un año después en el sello de Shelley Smells Like Records.

En 1996 y gracias a las buenas críticas que sus dos primeros trabajos recibieron, Matador decidió ficharla y publicar su tercer álbum, el más personal, *What Would the Community Think*. El comportamiento errático de la cantante aparecía también en escena, a pesar de sus emotivas interpretaciones, muchas veces se la veía incómoda sobre el escenario, parando canciones a la mitad o hablando inconexamente. Hasta que en 1997 el estrés pudo con ella, dejó la música y se mudó a Carolina del Sur. Poco tiempo le duró el retiro. El gusanillo de la música podía con ella. En 1998 publicaba *Moon Pix* grabado en Australia con miembros del trío Dirty Three. Un disco mucho más reflexivo e intimista.

Recibió el nuevo milenio con un disco de versiones *The Covers Record*. Hasta 2003 no apareció su siguiente álbum con temas propios, *You Are Free*, que contó con colaboraciones de Eddie Vedder, Warren Ellis y Dave Grohl. Tres años después llegó uno de sus mejores discos, orientado a la música soul y grabado con excelentes músicos de Memphis. *The Greatest* fue otra demostración del poder de reinvención musical de la cantante pero también supuso la cancelación de su gira. Un brote psicótico se sumaba a sus problemas con el alcohol. Algo que la obligó a ingresar en una clínica. Tras unos meses volvió a la carretera para presentar el excelente *The Greatest* como se merecía.

En 2008 apareció un nuevo disco de versiones, *Jukebox*. Su último disco data de 2012. *Sun* lo grabó y produjo ella misma. Un canto a su independencia y el control de su vida, por fin. Un nuevo cambio de rumbo sonoro con la introducción de sonidos electrónicos. Es quizás es su disco más vitalista, a pesar de estar inspirado por una dolorosa ruptura.

Exene Cervenka

La voz del punk en la costa Oeste

1 de febrero de 1956
Chicago, Illinois

Aunque es más conocida como cantante de X, uno de los grupos más importantes de la escena punk en California de finales de los setenta y principios de los ochenta, Exene Cervenka tiene a sus espaldas una nada desdeñable carrera en solitario como cantante, compositora, poeta y escritora. Sus incisivas y poéticas letras son su signo distintivo y el sonido que la banda produjo con su ayuda, cambió la escena punk e influyó indudablemente en las bandas que nacieron después. Exene fue una precursora y una pionera en un género como el punk, fuertemente dominado por hombres.

Christine Cervenka nació en Chicago pero creció en Tallahassee, Florida, antes de mudarse a Santa Monica en 1976. Fue allí donde conoció a John Doe en un taller de poesía. Pronto empezaron a componer juntos. Al poco tiempo formaron la banda X, donde se dividían las tareas vocales y compositivas. Les acompañaban Billy Zoom a la guitarra y D.J. Bonebrake a la batería. Doe se encargaba del bajo. La banda se convirtió rápidamente en una de las más influyentes de la escena punk de Los Ángeles con su mezcla de punk, rockabilly y blues. X lideró el movimiento de esta nueva escena que nació en contraposición al punk de Nueva York y Londres. Y aunque se les consideraba una banda de punk, su original sonido y sus sofisticadas letras los diferenciaban del resto de bandas. Las poéticas letras de Exene jugaron un papel importante en este hecho diferenciador pero también el sonido de la banda, influido por el old time y el country y con las armonías vocales de Doe y Exene como protagonistas.

La banda empezó a actuar en los clubs de punk de la ciudad mientras sus seguidores crecían por momentos. En 1979, tras verlos tocar en el Whisky-a-Go-Go, el legendario Ray Manzarek se convirtió en su productor. En 1980 publicaban con éxito *Los Angeles* y en 1981 *Wild Gift*. Su primer disco es considerado uno de los discos fundamentales de la escena punk angelina. Aunque lo publicaron en un sello pequeño, vendieron un numero considerable de discos para un grupo de punk y se convirtieron en superestrellas de la escena. Exene y Doe ya se habían casado por aquel entonces. Su tercer álbum lo publicaron con Elektra en 1982, *Under the Big Black Sun*. Otro de sus grandes discos, en los que las letras de Exene hablaban del dolor y la perdida tras la muerte de su hermana en un atropello. Un año después vio la luz *More Fun in the New World*, su último trabajo con Manzarek. En 1984 publicaron, *Ain't Love Grand*, un disco que produjo Michael Wagener, venido de la escena heavy metal. X se separaron tras la marcha de Zoom y el divorcio de Doe y Cervenka, aunque continuaron siendo buenos amigos. Su último trabajo *See How We Are*, donde volvían a su sonido original, data de 1987.

Exene empezó entonces su carrera en solitario con sus dos primeros discos *Old Wives' Tales* de 1989 y *Running Sacred* de 1990. Trabajos que recogían su pasión por las letras personales y profundas. X volvió a reunirse a principios de los noventa y en 1993 publicaron *Hey Zeus!*, un disco que tuvo muy buenas críticas pero que no consiguió el favor del público. Exene se centró en su trabajo poético y en 1995 publicó en el sello de Henry Rollins otro disco de spoken-word, *Surface to Air Serpents*. Ese mismo año X publicaban un acústico *Unclogged* y volvían a separarse. Exene formó después Auntie Christ junto a Bonebrake y el bajista de Rancid, Matt Freeman.

Aunque en la primera década del 2000 se centró más en su trabajo como escritora y poeta, Exene Cervenka nunca abandonó la música. Formó el grupo The Original Sinners en 2002 y en 2005 volvió a publicar junto a The Knitters *The Modern Sound of the Knitters*. Al año siguiente llegaría *Sev7en* y en 2009 *Somewhere Gone*. En 2011 vio la luz, *The Excitement of Maybe* con colaboraciones de Dave Alvin y el contrabajista de jazz Christian McBride. Su último trabajo de 2012 es un directo junto a su ex marido: *John Doe & Exene Cervenka: Singing and Playing*.

Patsy Cline

La voz truncada demasiado pronto

8 de septiembre de 1932 – 5 de marzo de 1963
Gore, Virginia - Camden, Tennessee

La meteórica carrera de Patsy Cline apenas duró cinco años y medio, pocas artistas han logrado tanto en tan poco tiempo. En ese corto periodo consiguió convertirse en todo un referente y no sólo para el country. Siempre supo lo que quería hacer con su carrera, no se dejó manejar, tenía una actitud valiente y era respetada por todos sus compañeros de profesión como uno más de ellos. Desgraciadamente, un accidente de avión nos privó de una de las voces imprescindibles de la historia de la música. Tenía 30 años.

Cuando Patsy Cline nació se llamaba Virginia Patterson Hensley. Empezó a cantar en club nocturnos de adolescente vestida con trajes de flecos al más puro estilo del oeste. Llevaba vestidos que diseñaba ella misma y que le cosía su madre. Fue en 1955 cuando nació Patsy Cline para la historia de la música, de la mano de su segundo mánager Bill Peer. Él le consiguió un contrato con el sello 4-Star. Buscando material para su primer álbum encontró su primer gran éxito "Walkin' After Midnight".

Curiosamente, una canción que al principio rechazó por ser demasiado pop. Con ella sería la primera cantante de country en conseguir un éxito tanto en la listas country como en las de pop. Su aparición en la televisión cantándola la catapultó a la fama.

Pronto cambió sus trajes de cowgirl por vestidos de cocktail y tacones altos. Nacía una nueva Patsy. Una que era capaz de cruzar las barreras del pop y el country. Y lo hacía con canciones más delicadas y emotivas como "I Fall to Pieces", su primer número uno. En sus primeros años de carrera no podía optar a canciones que verdaderamente explotaran su talento musical. Un contrato editorial se lo impedía. "I Fall to Pieces" fue la primera canción que pudo escoger libremente. Por fin, podía dirigir su carrera. Y lo hizo con acierto, acompañada por el productor Owen Bradley. Eran los inicios del Nashville Sound y sonaban canciones con cuerdas, coros y estructuras pop, algo antes nunca usado en el country.

En 1961, Patsy sufrió un grave accidente de tráfico que estuvo a punto de costarle la vida. Pero su carácter y su fuerza de voluntad la ponían de nuevo en la carretera tres meses después. Fue entonces cuando llegó otro de sus grandes hits, "Crazy". Una canción que escribió Willie Nelson y que Patsy Cline supo adaptar a su estilo vocal. Se convertiría en su canción más representativa. Su música tenía la calidad de llegar a todos los públicos. Mientras Brenda Lee alcanzó a audiencias más jóvenes, Cline logró encandilar al público adulto. Sus emocionales interpretaciones cantaban historias de desamor, de abandono, de emociones desatadas. Y su voz de crooner nos las ofrecía como un regalo, abriéndose en canal mientras cantaba.

Muchos se preguntan qué habría pasado si aquella noche aciaga de 1963 no hubiese subido a aquel avión que le costó la vida. Podría pensarse que su muerte prematura le ha dado más importancia de la que tuvo, pero sería un error. Patsy Cline consiguió colarse en la historia de la música dejando un innegable legado, como cantante y como mujer fuerte que supo dirigir su carrera. Imaginad lo que hubiera hecho con algo más de tiempo.

Sheryl Crow

La rockera mainstream

11 de febrero de 1962
Kennett, Missouri

Sheryl Crow pasó de ser corista de las grandes estrellas del rock a protagonista de sus propios éxitos. Sus canciones cercanas al rock más clásico,

aunque con una orientación más comercial, llenaron las listas y las emisoras de radio durante buena parte de la década de los noventa. Mientras, los Grammy la premiaban año tras año.

Los padres de Sheryl Suzanne Crow eran músicos y tocaban habitualmente en orquestas de swing. Su madre era cantante y su padre trompetista. Su madre además era profesora de piano y se aseguró de que su hija aprendiese a tocar. La música estaba a la orden del día en su casa. A los trece años Crow escribió sus primeras canciones y en su adolescencia empezó a tocar en grupos de rock. Se graduó en la universidad de Missouri en piano clásico. Después de pasar varios años como profesora de música durante el día y tocando en clubs de noche, se mudó a L.A. para labrarse un futuro como cantante. Allí fue donde se convirtió en corista de la gira del *Bad* de Michael Jackson.

Cuando volvió a casa intentó encontrar discográfica sin éxito. Pronto la decepción caló hondo, insistían en convertirla en una cantante de pop, algo que la sumió en una fuerte depresión. Aún así siguió cantando para Rod Stewart, Joe Cocker o Don Henley mientras Eric Clapton o Wynnona Judd grababan sus composiciones. En 1991 consiguió un contrato con A&M pero las grabaciones del disco no llegaron a ningún sitio y se sumió en otra nueva depresión. Parecía que no encontraba su sitio.

Su salvación fueron las Tuesday Night Music Club, una jam session semanal en casa del productor Bill Bottrell. La pareja de Crow en aquel momento, Kevin Gilbert la introdujo en el grupo. De aquellas sesiones salió su primer disco, *Tuesday Night Music Club* publicado en 1993. El disco no fue un éxito inmediato, subió en las listas poco a poco. Estuvo dos años de gira, también como telonera de los Eagles y participando en Woodstock como una de las pocas mujeres del cartel. Hasta que llegó su tercer single “All I Wanna Do” con el que su carrera despegó meteóricamente. Ganó varios Grammy y se convirtió en una estrella.

Lamentablemente, la banda que formaba las sesiones del Tuesday Night Music Club se sintió ofendida por la falta de reconocimiento a su labor. Tras la ruptura, Crow se embarcó en su segundo disco en solitario, *Sheryl*

Crow un disco más redondo pero quizá menos fresco. En 1998 salió a la luz *The Globe Sessions*, un esfuerzo más cercano al rock tradicional que no tuvo tanto éxito como sus anteriores álbums. *C'mon, C'mon* fue su cuarto trabajo, publicado en 2002 se acercaba más al pop. A partir de su colaboración en el disco homenaje a Loretta Lynn, Sheryl Crow empezó a decantar su carrera hacia el country. Su último disco, *Feels Like Home* data de 2013.

D

Kim Deal

El grito femenino del rock alternativo

10 de junio de 1961
Dayton, Ohio

Kim Deal fue parte importante del sonido Pixies, pero siempre estuvo eclipsada por la fuerte presencia de su compañero de banda Black Francis. Aunque The Breeders nació como un proyecto paralelo para desahogar las creaciones que no podía llevar a Pixies, pronto se convirtió en una de las bandas más importantes del movimiento alternativo, incluso con más éxito que su anterior formación. Muchas mujeres que se lanzaron a la música alternativa le deben mucho a Kim Deal y sus composiciones.

Deal y su hermana gemela Kelley crecieron en los suburbios de Dayton, Ohio. Kim comenzó a escribir canciones en el instituto y aprendió a tocar la guitarra en la universidad. Ambas tocaron juntas hasta que Kim se casó y se trasladó a vivir a Boston en 1986. Fue allí donde respondió a un anuncio de "se busca bajista, influencias: Hüsker Dü y Peter, Paul and Mary". Junto a Joey Santiago y Charles Thompson IV, más tarde conocido como Black Francis, formaron Pixies y se convirtieron en grupo de culto de la escena indie.

En 1989, Kim formó The Breeders, un proyecto paralelo junto a Tanya Donnelly de Throwing Muses, la guitarrista Josephine Wiggs de The Perfect Disaster y la violinista Carrie Bradley. El batería Britt Walford, de

Squirrel Bait y posteriormente en los míticos Slint, participó también en el proyecto. En 1990 la banda publicó su primer disco en el prestigioso sello 4AD. *Pod* fue producido por Steve Albini, al que Kim ya conocía de las sesiones del *Surfer Rosa* de Pixies. Cansada de estar siempre a la sombra, Kim Deal por fin decidía dar un paso adelante y mostrar su propio talento.

Poco después Pixies se tomaban un respiro y Kelley Deal se unía a The Breeders para grabar su EP *Safari* en 1992. Donnelly y Walford abandonaron la banda y Jim MacPherson de Guided By Voices se les unió como batería. Su segundo disco, *Last Splash*, fue el trabajo que las catapultó a la fama. La banda consiguió un éxito masivo gracias al single "Cannonball". Con un vídeo co-dirigido por Kim Gordon de Sonic Youth y Spike Jonze que se convirtió en un éxito en la MTV, el disco logró mayores ventas que ningún álbum de Pixies. The Breeders alcanzaban el estrellato y eran cabezas de cartel en Lollapalooza. El proyecto paralelo de repente se transformaba también en el principal grupo de Kim Deal.

En 1994 editaron el EP *Head to Toe*, grabado en un solo día y producido por J. Mascis de Dinosaur Jr. Los problemas de drogas y el cansancio acumulado empezaban a pasar factura, Kelley Deal fue detenida por posesión de heroína y la banda sufrió un parón momentáneo mientras estaba en rehabilitación. En ese tiempo, su hermana Kim formó junto a MacPherson la banda The Amps y publicaron *Pacer*.

Los miembros de The Breeders emprendieron caminos separados, Kelley incluso empezó sus proyectos en solitario. No fue hasta que en 2002 publicaron el EP *Title K* cuando volverían a juntarse, aunque de manera intermitente. En 2004 Kim Deal volvió con Pixies para una gira por EEUU y Europa. Pasaron cinco años hasta el siguiente disco de The Breeders, *Mountain Battles*. En 2009 editaron el EP *Fate to Fatal* con Mark Lanegan como invitado. En 2013 la banda volvió a reunirse para el aniversario de *Last Splash* con Wiggs y MacPherson acompañando a las hermanas Deal. Vuelven a grabar juntas.

Sandy Denny

La voz etérea del folk rock británico

6 de enero de 1947 – 21 de abril de 1978
Londres, Inglaterra – Londres, Inglaterra

Con su poderosa y al mismo tiempo etérea voz, Sandy Denny se convirtió en la mejor cantante inglesa de su época. Lo hizo liderando Fairport Convention, la banda de folk rock británica más importante de los sesenta. Es indudable que el sonido del grupo evolucionó con su llegada y no solamente por su voz, casi imposible describir la belleza que evocaba, sino también por el giro que dio a su música. Con ella pasaron de hacer versiones de grupos americanos a crear composiciones propias en las que lo tradicional y lo contemporáneo se unían con naturalidad. Ella fue el motor de ese cambio y de rebote del despertar del folk rock británico. Apenas tuvo 13 años de carrera, entre sus trabajos con la banda y sus discos en solitario. Sandy Denny se fue demasiado pronto pero su música consiguió dejar una huella indeleble.

Alexandra Elene MacLean Denny estudiaba para ser enfermera pero la música llamó a su puerta y su vida cambió de rumbo para siempre. A mediados de los sesenta hizo amistad con unos aún desconocidos Simon & Garfunkel que le animaron a perseguir su sueño de ser cantante. Su primer disco en solitario fue a medias con el cantante Johnny Silvo, todo de versiones y más cercano al folk tradicional. En 1967 publicó con la banda The Strawbs *All Our Own Work* donde ya mostraba la exquisitez de su talento como compositora con su primer tema propio "Who Knows Where the Time Goes". Una canción que la hizo conocida internacionalmente gracias a la versión que grabó Judy Collins en 1968. Nina Simone o Cat Power harían lo propio años después.

Fairport Convention entró en la vida de Sandy Denny en 1968 cuando sustituyó a la anterior cantante Judy Dyble. Logró cambiar la historia de la música inglesa junto a Richard Thompson, Ian Matthews, Simon Nicol, Ashley Hutching y Martin Lamble. Con ella grabaron sus mejores trabajos: *What We Did on Our Holidays*, *Unhalfbricking* y *Liege & Lief*. En sus discos se mezclaban potentes temas propios, versiones de Joni Mitchell o Dylan y canciones del folk tradicional que actualizaban su sonido gracias a la incorporación de instrumentos como la guitarra eléctrica. Fueron los mejores trabajos de la banda pero también del folk rock inglés.

Poco después de grabar *Liege & Lief* Sandy dejó el grupo y formó Fotheringay con Trevor Lucas, su futuro marido. El grupo duraría apenas un disco. *The North Star Grassman and the Ravens* fue su primer y excelente trabajo en solitario. En el volvió a demostrar sus dotes como compositora en canciones como "John the Gun". En 1971 cantó a dúo junto a Robert Plant en "The Battle of Evermore", canción que formaba parte del cuarto disco de Led Zeppelin. Un año después publicó *Sandy*, producido exquisitamente por Lucas y que contó con la participación de Richard y Linda Thompson y los arreglos del maestro Allen Toussaint en "For Nobody to Hear". Este disco la volvió a situar como una de las voces imprescindibles de la escena.

En 1973 llegó el turno del intimista y delicado *Like an Old Fashioned Waltz*. Y en 1977 veía la luz su último trabajo, *Rendezvous*, un disco que no merece ser su testamento musical. En él intentaba llegar a mayores audiencias perdiendo algo de su esencia por el camino. Un año después Sandy Denny murió al caerse por unas escaleras. Años de drogas y alcohol, inseguridades, depresiones y la perdida de la custodia de su hija le pasaron factura. Con 31 años se iba, tristemente, una de las mejores voces y compositoras de la historia del rock.

Ani DiFranco

Abanderada del hazlo tú misma

23 de septiembre de 1970
Buffalo, Nueva York

Las grandes ventas no son tan importantes como ser fiel a uno mismo, segur tu propio camino y llevar la vida que quieres. Eso, Ani DiFranco lo ha tenido claro desde el principio de su carrera. Ella simboliza a la perfección la

ética del hazlo tú mismo. Con la creación de su propio sello independiente, Righteous Babe, un negocio de éxito según Forbes y el Wall Street Journal, DiFranco ha conseguido publicar sus propios discos y los de otros artistas con independencia. Lentamente se ha ido creando una legión de seguidores fieles. DiFranco es prolífica, feminista combativa, luchadora incansable, cantante y guitarrista excelente y en sus canciones habla de sexo, abortos o relaciones bisexuales con crudeza y naturalidad, dando voz a temas que otras artistas no han tratado de una forma tan abierta.

Ani DiFranco hizo su primer concierto de versiones de los Beatles con nueve años. Con 11 tocaba en clubs locales de Buffalo y componía sus primeras canciones. Sus padres se separaron en esa etapa, y cuando su madre decidió mudarse a Connecticut, DiFranco se emancipó legalmente, acabó sus estudios en Buffalo y escogió la música como profesión. Sus primeras grabaciones fueron cassettes de sus actuaciones en directo que vendía ella misma en sus conciertos. 5000 copias que se agotaron rápidamente y que la animaron a fundar su propio sello en 1990 para distribuir mejor su trabajo, así nació Righteous Babe. Su fama empezó a crecer con el boca oreja.

En 1991 publicó *Not So Soft*. Un trabajo que promocionó ella sola y sin apoyo ninguno, de concierto en concierto recorriendo Estados Unidos en su coche. A disco por año, en 1992 llegó *Imperfectly*, *Puddle Dive* en 1993 y en 1994 una de sus joyas *Out of Range*. Su siguiente trabajo *Not A Pretty Girl* consiguió mejorar el anterior. Las majors llamaron a su puerta pero DiFranco prefirió crecer poco a poco y tener un total control de su trabajo antes que arriesgarse a ser engullida por la maquinaria de las grandes compañías. Acertó. Sus cualidades como compositora aumentaban al mismo tiempo que sus seguidores. En 1996 llegó *Dilate*, su historia de amor con un hombre, algo que enfureció a muchas de sus seguidoras lesbianas. Se declaraba bisexual y seguía haciendo lo que le daba la gana. *Dilate* llegó a las listas del Billboard, algo casi impensable para un disco independiente. Un año después publicó *Living in Clip*, su primer disco en directo. Y entonces llegó su obra maestra, *Little Plastic Castle*, quizás su trabajo más diverso en cuanto a sonido pero también el que le dio más éxitos. Con cada disco, un poco más de experimentación, un poco más de libertad. Mientras, llevaba su compañía con acierto, publicando a otros artistas afines como Arto Lindsay. Siempre prolífica, en 1999 publicó tres trabajos, *Up Up Up Up Up Up*, *Fellow Workers* junto a Utah Phillips y *To the Teeth*. Y en 2001 para compensar la falta de disco el año anterior, sacó un doble *Revelling/Reckoning* demostrando de nuevo que su capacidad para componer canciones no tenía límites.

En 2002 publicó otro directo doble *So Much Shouting, So Much Laugher* y un año después llegó un nuevo disco, *Evolve*. Como su propio nombre indica, evolucionaba hacia sonidos nuevos como el funk o el jazz. Sus trabajos empezaron a espaciarse. Para grabar *Knuckle Down* se alió con Joe Henry. Poco después anunció su embarazo algo que no le impidió publicar *Reprieve*. *Red Letter Year* llegó en 2008 y en 2012 *Which Side Are You On*. Se confirmó que DiFranco se tomaba las cosas con más calma, quería dedicar más tiempo a su familia. Ya no gira tan asiduamente por Europa. Son más de 25 años de carrera con casi un disco por año a sus espaldas. Incansable luchadora y trabajadora de la música, Ani DiFranco ha conseguido convertirse en una figura de culto en el mundo del folk-rock, por su música, su constancia y el trabajo frente a su sello. Su último disco es *Allergic to Water* de 2015.

The Donnas

Hardrockeras precoces

1993
Palo Alto, California

Aún estaban en el instituto cuando The Donnas consiguieron fichar por un sello discográfico, todo un logro para estas jovencísimas rockeras descritas como los Ramones femeninos. Su música bebía mucho sonoramente de la banda neoyorquina sobre todo en sus inicios, pero con el tiempo, evolucionó del punk de sus primeras composiciones hacia un sonido más hard rockero y metálico cercano a bandas como AC/DC o Mötley Crüe.

Las integrantes de The Donnas se conocieron en el instituto, todas nacieron en 1979 e iban a clase juntas. En un principio se llamaron Ragady Anne y sacaron un 7" con el sello Radio Trash. Posteriormente cambiaron su nombre a The Electrocutes hasta que finalmente se encarnaron en The Donnas. El grupo lo forman Brett Anderson a las voces, Allison Robertson a la guitarra, Maya Ford al bajo y Torry Castellano a la batería. Como The Electrocutes las descubrió Darin Raffaelli guitarrista de Supercharger y se convirtió en su manager. Fue él quien escribió las canciones del primer disco homónimo del grupo como The Donnas ya y lo publicó en su sello Super*Teem en 1996. Fue también entonces cuando The Donnas adoptaron su nombres a lo Ramones, Donna A. Donna R., Donna F. y Donna C. El sello Lookout las fichó poco después de acabar el instituto y publicó su segundo disco *American Teenage*

Rock 'N' Roll Machine en 1998. Este fue el trabajo en el que la banda empezó a trabajar en sus propias canciones. Por fin se escuchaba su voz. El garage rock potente y desaforado de The Donnas hizo que se ganaran un público fiel y la atención de los medios mainstream. Un año después publicaron *Get Skintight*. En 2001 llegó *The Donnas Turn 21* que continuó endureciendo su sonido. También fue su disco menos aclamado.

En 2002 ficharon por Atlantic que publicó *Spend the Night*, un disco incluía uno de sus singles de más éxito, "Take It Off". Tras girar durante todo un año y participar en el Lollapalooza, la banda se tomó un descanso hasta 2004 cuando publicaron *Gold Medal*, su disco más metalero hasta la fecha. En 2007 vio la luz su último trabajo, *Bitchin'* que sacaron en su propio sello independiente, Purple Feather. Un disco que no alcanzaba las cotas de sus primeros trabajos, sin esa frescura rabiosa que les aportaba el punk.

E

Cass Elliot

Mama Cass

19 de septiembre de 1941 – 29 de julio de 1974
Baltimore, Maryland - Londres, Inglaterra

Más conocida como cantante de The Mamas & The Papas, Cass Elliot se erigió como una de las figuras más importantes del movimiento neofolk de los sesenta. Mama Cash, como la llamaban sus amigos, fue además el pegamento que unió a toda una generación de músicos. Las fiestas que organizaba en el jardín de su casa reunían a lo más nutrido de la escena musical californiana. Gracias a ella se conocieron los miembros de Crosby, Stills & Nash. Cass Elliot fue una figura imprescindible dotada de una voz irrepetible de portentosa soprano. Ella fue sin duda la voz de las melodías que bañaban la soleada California. Se fue demasiado pronto.

Ellen Naomi Cohen nació en Baltimore, aunque creció en Washington, D.C. De niña tomó lecciones de piano pero pronto cambió las teclas por las

cuerdas de una guitarra acústica. Había descubierto el folk. Ellen adoptó el nombre de Cass Elliot, en parte como homenaje a la actriz Peggy Cass y por un amigo que había fallecido. A pesar de que en un principio pensó en dedicarse al teatro, incluso participó en la producción *The Music Man*, fue la música la que consiguió conquistarla.

Junto a Tim Rose y James Hendricks fundó el trío de folk The Big 3 en 1962. Dos años después, Rose dejó la banda y Cass y Hendrix formaron junto a Denny Doherty The Mugwumps. Sacaron un disco que no tuvo demasiado éxito y el grupo se separó. En el 65, Cass volvió a cruzarse en el camino de Doherty. Él la recomendaría como cuarta voz para el trío que había formado junto a John y Michelle Philllips. En aquel momento nacieron The Mamas & The Papas. Aunque John Phillips era reacio a dejarla entrar en la banda, su impresionante voz acabó por convencerlo. En 1966 se mudaron a Los Ángeles y ficharon por el sello de Lou Adler, Dunhill Records. Ese mismo año lanzarían su primer gran éxito "California Dreamin'", sellando el destino del grupo. La canción formaba parte de su disco debut, *If You Can Believe Your Eyes and Ears.* La combinación armónica de sus cuatro voces fue lo que convirtió a la banda en uno de los puntales del movimiento pop psicodélico pero eran las voces de John Phillips y Cass Elliot las que sobresalían por encima de todo. Eso y un sentido de la vida, reflejado en sus canciones, que convirtieron a California en la meca del vive feliz y disfruta del hoy.

El grupo no tuvo una larga trayectoria. Pronto los problemas internos empezaron a aparecer: parejas que se mezclan, infidelidades, celos. La banda se separó y aunque estuvieron pocos años juntos, su impacto en la música rock es indudable. Temas como "California Dreamin'", "Monday Monday" o "I Saw Her Again" se han convertido en clásicos atemporales.

Tras la separación, Cass Elliot emprendió una carrera en solitario que le granjearía numerosos éxitos. Sus canciones más conocidas, "Make Your Own Kind of Music" o "It's Getting Better" así lo avalan. Su fuerte personalidad hizo de ella una constante presencia en la televisión, gracias a su sentido del humor y su gran carisma. Incluso tuvo sus propios especiales televisivos: *The Mama Cass Television Show* en 1969 y *Don't Call Me Mama Anymore* en 1973.

Desgraciadamente, Cass Elliot murió de un paro cardíaco mientras dormía después de dar un exitoso concierto en el London Palladium. Tenía una semana de actuaciones con entradas agotadas por delante. Una muerte que conmocionó a la comunidad musical. Tenía apenas 32 años y dejaba el legado de su fuerte personalidad, su carisma y su impresionante voz.

Melissa Etheridge

La voz rasgada

29 de mayo de 1961
Leavenworth, Kansas

Melissa Etheridge se convirtió en una de las cantantes más populares de los noventa en parte gracias a su voz rota. Algunos la han comparado con Janis Joplin y ella siempre la citó como una de sus grandes influencias, incluso la interpretó en la gran pantalla. Etheridge luchó al principio de su carrera con sus propios sentimientos y la decisión de hacer pública o no su orientación sexual. Desde que decidió salir del armario, la cantante americana se ha convertido en una de las figuras del movimiento por los derechos de gays y lesbianas en EEUU, una mujer ya sin miedo a expresarse y defender sus derechos.

Con ocho años Etheridge tocaba la guitarra y poco después empezaba a componer sus propias canciones. Tocó en algunas bandas locales en su Kansas natal hasta que fue aceptada en el prestigioso Berklee College of Music de Boston. Tan solo duró un año, quiso probar suerte en Los Ángeles y emprender su propio camino. La escena metalera de la ciudad parecía dejar poco espacio para su música, mezcla de folk-rock y blues, pero consiguió atraer la atención del sello discográfico Island Records.

En 1988 publicó su primer disco homónimo que incluía su exitoso single "Bring Me Some Water". Un año después colaboraba con Don Henley en su disco *The End of the Innocence*. En 1989 salió a la luz *Brave and Crazy*. Un disco que superó con nota el tirón inicial de su primera obra. Su siguiente trabajo, *Never Enough*, era un álbum más variado estilísticamente.

Cansada de los rumores sobre su sexualidad, algo que parecía interesar a la prensa más que sus méritos musicales, Etheridge decidió dar un paso adelante con su cuarto disco, *Yes I Am*. Una declaración de intenciones, un disco sincero y desnudo en el que Etheridge mostró todo su talento. Además se convirtió en uno de sus éxitos más masivos con temas como "I'm the Only One" y "Come to My Window". *Yes I Am* le valió en 1995 el Grammy a la mejor cantante de rock. Y aunque sus siguientes trabajos no alcanzarían el nivel de calidad de sus anteriores trabajos y su vida personal parecía ocupar más espacio en la prensa que su música, no dejó de publicar discos siempre fiel a su sonido característico.

En 2002 editó su autobiografía *The Truth Is: My Life in Love and Music*. Ese mismo año le era diagnosticado un cáncer de mama que afortunadamente pudo superar. Melissa Etheridge ha seguido luchando por los derechos de los gays y las lesbianas, componiendo discos y actuando en directo desde entonces.

F

Marianne Faithfull

La voz rota

29 de diciembre de 1946
Londres, Inglaterra

De icono del pop de los sesenta a muñeca rota y mujer reinventada, Marianne Faithfull es una superviviente. Su suave voz se transformó a golpe de drogas y alcohol en la ronca melodía que es hoy en día. Supo sobreponerse a los obstáculos de la vida y devenir en leyenda del rock.

Hija de un profesor universitario y una baronesa austríaca, Marianne Faithfull fue educada para ser una señorita. Se introdujo en el mundo de la

música profesionalmente en 1964 cuando el mánager de los Rolling Stones, Andrew Loog Oldham la descubrió en una fiesta. Su single debut fue todo un éxito tanto en Inglaterra como en Estados Unidos. Fue una de las composiciones de Jagger y Richards, "As Tears Go By" la que la lanzó a la fama y selló su destino. Aunque tuvo varios éxitos durante los sesenta, lo cierto es que gran parte de su fama durante esa época le vino por su famoso romance con Mick Jagger. Todo un escándalo para la bien pensante e hipócrita sociedad británica. Su voz frágil y delicada era la protagonista de sus canciones, siempre temas de otros. En 1969 publicó "Sister Morphine", un tema que ella misma co-escribió y que los Stones incluyeron en *Sticky Fingers*. Fue la primera canción en la que su presencia se hacía realmente palpable.

Los setenta fueron los años tortuosos: los de la ruptura con Mick Jagger y sus problemas con las drogas que la llevaron a prácticamente convertirse en una mendiga. Hasta que en 1979 se produjo su inesperada resurrección. Marianne Faithfull, cual ave fénix, renació de entre sus cenizas con un disco excepcional, *Broken English*. Una obra llena de clásicos instantáneos que sorprendió a todos. Además volvió con una nueva voz, rota, ronca y oscura que cantaba, esta vez si, canciones propias que hablaban de dureza, desesperación, dolor y sexo. En aquel momento Faithfull dejó de ser la niña bonita del pop inglés para convertirse en una presencia fuerte, con voz propia que cantaba con crudeza y realismo sobre su propia vida. Aunque durante los ochenta y los noventa grabó esporádicamente, sus trabajos no dejaban de ser interesantes relatos de una vida vivida al 100%. *Dangerous Acquaintances* o *Strange Weather* son un buen ejemplo.

Marianne Faithfull dejó de ser conocida como "la chica de" para ser una presencia sólida e imprescindible de la historia del rock. Por fin, había encontrado su sitio. En los años siguientes se rodeó de colaboradores de altura para sus discos. En *Kissin' Time* de 2002 contó con Beck, Damon Albarn, Billy Corgan o Jarvis Cocker. Dos años después publicó *Before the Poison* acompañada por PJ Harvey o Nick Cave & the Bad Seeds, entre otros. También publicaba en 2008 *Easy Come Easy Go*, una colección variada de versiones de artistas tan distintos como Morrissey, Billie Holiday o Black Rebel Motorcycle. Su último trabajo, *Give My Love to London* volvió a contar con composiciones propias y colaboradores de altura: Brian Eno, Roger Waters, Anna Calvi o Steve Earle.

Lita Ford

La guitar hero del rock

19 de Septiembre de 1958
Londres, Inglaterra

Junto a Joan Jett, Lita Ford fue una de las supervivientes del grupo The Runaways. Ellas fueron las únicas miembros de la banda que consiguieron mantener una carrera musical aunque en direcciones totalmente opuestas. Lita Ford se acercó más al metal y desde una postura muchas veces critica-

da ya que no dudó en convertirse en el sueño hecho carne de cualquier adolescente fanático del metal. Lita Ford usó su sexualidad para potenciar su música. Con una actitud dura se creó una imagen de heroína del metal que no gustó a los críticos. A pesar de todo ello, Lita Ford es una figura femenina imprescindible en el panorama del rock duro. Pocas mujeres se atrevieron a mantener una actitud desafiante como la suya en aquella época y además tener éxito. Ella fue una de las primeras guitar heroes del rock duro.

Lita Rossanna Ford nació en Londres pero emigró a los Estados Unidos siendo niña. Con once años empezó a tocar la guitarra. Justo cinco años después se convirtió en la guitarrista de The Runaways. Cuando la banda se separó, Lita Ford decidió tomar clases de canto y emprender su carrera en solitario, aunque le costó hacerse un hueco en la música mucho más que a su ex-compañera Joan Jett. Para poder sobrevivir trabajó como peluquera, empleada de una gasolinera o instructora de fitness, entre otros trabajos alimenticios. En 1983 publicó su primer disco en solitario, *Out for Blood*. Un año después del fulgurante éxito del "I Love Rock'n'Roll" de Joan Jett. En 1984 salía a la luz *Dancin' on the Edge*.

Ford publicó sus dos primeros trabajos en la misma compañía que acogía a The Runaways, pero Mercury se negó a sacar su siguiente disco. En 1985 decidió dar un cambio en su carrera, fichó por RCA y contrató a Sharon Osborne como su mánager. En 1988 le llegó por fin el éxito con *Lita*, un disco en el que colaboraba Ozzy Osborne. Ambos cantaban y coescribían juntos su single "Close My Eyes Forever" que llegó al número 8 de las listas. Nikki Sixx de Mötley Crue y Lemmy Kilminster de Motörhead colaboraron también en un par de temas del álbum.

Su siguiente disco *Stiletto* no tuvo tanto éxito como Lita. Después de casarse con Jim Gillete, cantante de la banda de metal Nitro, se mudó al Caribe con sus dos hijos. Desapareció una temporada de la música pero volvió en 2009 con *Wicked Wonderland*, un trabajo mucho más metalero que publicó en su propio sello JLRG Entertainment. Tras un divorcio particularmente polémico, en 2012 salió a la luz *Living Like a Runaway*, un trabajo centrado en los sinsabores de su separación y que supuso un regreso a su sonido original, el que le dio la fama en los ochenta.

Sallie Ford

El descubrimiento que busca su camino

4 de septiembre de 1987
Asheville, Carolina del Norte

A Sallie Ford la conocimos gracias al festival Azkena Rock, entonces giraba con su primera banda, The Sound Outside. Su música, mezcla de rock de aires retro con toques de jazz y blues, hacía de su propuesta un descubrimiento prometedor. Cantante, guitarrista y compositora de los temas de la banda, Sallie Ford sorprendió a todos con su propuesta. Su música tiene la calidad del rock de sus inicios, crudo y rabioso pero a la vez divertido y explosivo. En sus potentes directos demostraba además que le sobraban tablas. Pero justo cuando el éxito llamaba a su puerta daba una vuelta de tuerca a su carrera dejando a su banda y lanzándose en solitario con un grupo formado por chicas de la escena de Portland. Es una de las promesas del rock.

Sallie Ford pertenecía a una familia de artistas, su padre era un famoso marionetista y su madre profesora de música. Con esos padres es normal que pronto sintiera inclinaciones artísticas, aunque se decantó más por la guitarra y el rock. En 2006 dejó los estudios y se mudó a Portland donde estuvo trabajando de camarera. Allí conoció a los que más tarde se convirtieron en miembros de su banda: el bajista Tyler Tornfelt y el batería Ford Tennis, que habían llegado desde Alaska con la intención de formar su propio grupo. Los tres decidieron juntarse. Ampliaron a cuarteto cuando conocieron al guitarrista Jeffrey Munger mientras tocaba en la calle. Así nació Sallie Ford & The Sound Outside.

En 2009 publicaron su primer EP. Seth Avett de los Avett Brothers los descubrió por entonces y decidió llevárselos de gira con su banda. El hecho de que en sus entrevistas también los alabara ayudó a que Sallie y los suyos recibieran más atención de los medios.

En 2011 sacaron su primer y prometedor disco con Partisan Records, *Dirty Radio* y dos años después llegaron *Untamed Beast* y el EP *Summer*. La inclasificable y cruda voz de Sallie Ford, combinada con la maestría de la banda que la acompañaba, consiguió augurarles un futuro de éxito que no se hizo realidad cuando la banda se separó en 2013.

Sallie Ford decidió emprender una senda diferente, quería formar una banda de mujeres y para ello se juntó con Cristina Cano a los teclados, Anita Lee Elliot al bajo y Amanda Spring a la batería, todas curtidas en la escena musical de Portland. Su primer trabajo fue *Slap Back* publicado en 2014, un disco más cercano al indie rock que a la música de aires retro a la que nos tenía acostumbrados. Un cambio de rumbo del que ha salido airosa.

Aretha Franklin

La gran dama del soul

25 de marzo de 1943
Memphis, Tennessee

Aretha Franklin simboliza ese soul entroncado con el blues, con fuertes y profundas raíces en el gospel. Una combinación explosiva que convierte su voz en una verdadera fuerza de la naturaleza. Hay un antes y un después de Aretha, ligado a su paso por el sello Atlantic, que supo darle la libertad que su talento merecía. Su imponente voz no solo definió el sonido del soul, sino que consiguió trasladar el sentimiento del gospel desde la iglesia a la música no religiosa, dotando al soul de su verdadera alma.

Franklin nació en Memphis pero se crió en Detroit. Aunque ya tocaba el piano con ocho años, decidió dejar sus lecciones porque la constreñían demasiado. Prefirió ser autodidacta, una muestra de su fuerte carácter. De niña, Aretha cantaba junto a sus hermanas en el coro de la iglesia de su padre. El

Reverendo C.L. Franklin era famoso por sus sermones, que llegaron incluso a ser retransmitidos por la radio y publicados por Chess Records. Por su casa solían pasar activistas de los derechos civiles como Martin Luther King o artistas de la talla de Mahalia Jackson. Algo que marcó a la cantante para siempre. No es de extrañar que Aretha fuese una artista precoz. Con apenas catorce años grababa sus primeros temas de gospel, que serían la base de su disco *Songs of Faith: The Gospel Sound of Aretha Franklin* publicado en 1964.

Aunque varios sellos llamaron a su puerta fue John Hammond quién consiguió ficharla para Columbia en 1960. Aretha emprendió el camino hacia Nueva York. A los nueve discos que publicó con ellos les faltaba algo, a pesar de tener numerosos hits. Los productores no lograron sacarle todo el partido a una artista como ella. Quisieron acercarla al mundo del pop, a las audiencias blancas, cuando su voz pedía a gritos que la dejaran cantar en libertad. Le hicieron grabar blues, jazz, baladas, estándares y fue dando tumbos de un género a otro sin lograr encontrar su verdadera voz. Cuando el contrato con Columbia expiró en 1966, Jerry Wexler la fichó para Atlantic y empezó la que sería su época más gloriosa. La pureza de sus grabaciones con Columbia se transformó en un fuego ardiente que arrasaba en las listas tanto de pop como de R&B.

Wexler le dio total libertad y además le proporcionó los medios para hacer que su voz brillara con vibrante emoción. Para ello la llevó hasta los estudios Muscle Shoals en Alabama. Allí grabó su primer single "I Never Loved a Man (The Way I Love You)" y aunque el resto de sus temas se hicieron en Nueva York, los grabó acompañada de la Muscle Shoals Sound Rhythm Section. Experimentados músicos, ellos aportaron a la voz de Aretha el acompañamiento perfecto, con la suficiente alma, con un poso de R&B y una pasión que por fin le permitió desarrollar todo su potencial. De ahí surgirían canciones como "Respect", su mayor éxito y un verdadero himno a una mujer fuerte que exige respeto. Desde luego, en lo que a Aretha se refiere, lo consiguió.

Los discos que grabó Aretha durante a su paso por Atlantic se cuentan entre los mejores de la historia del soul y de la carrera de la cantante. Trabajando siempre junto al productor Jerry Wexler, el ingeniero Tom Dowd y con los arreglos de Arif Mardin, Aretha imprimió su sello personal a sus canciones, que se convirtieron en potentes hits y clásicos instantáneos como "Chain of Fools", "Think," "Baby, I Love You", "Since You've Been Gone (Sweet Sweet Baby)" o "(You Make Me Feel Like) A Natural Woman" de Carole King. En los setenta siguió cosechando éxitos, entre ellos su disco

más autobiográfico Spirit of the Dark, que incluía cinco composiciones de la propia artista sobre los sinsabores de su reciente divorcio. Un punto en su carrera profesional y personal que significó una verdadera liberación. Aunque en los años ochenta cambió Atlantic por Arista, siguió consiguiendo éxitos, quizás no a la altura de sus años de colaboración con Wexler, pero no hay duda de que su fama y su importancia en la música siguieron creciendo hasta convertirla en leyenda.

Aretha Franklin es una mujer fuerte y decidida, luchadora y activista por los derechos civiles. Una incansable trabajadora con una carrera en la que parece no haber sitio para la inactividad. Es la única artista que ha conseguido números uno durante cinco décadas consecutivas. Ha ganado 20 Grammys, fue la primera mujer negra en aparecer en la portada de Time y la primera mujer en ingresar en el Rock and Roll Hall of Fame. Pero todo esto se queda pequeño comparado con el don que posee, su tremenda voz y la emoción que desprende. Por eso es, sin duda, la reina del soul.

G

Diamanda Galás

La voz de las tinieblas

San Diego, California
29 de agosto de 1955

Con una de las voces más impresionantes y virtuosas del rock, Diamanda Galás ha dejado su huella en la historia de la música como cantante, compositora, activista y artista de vanguardia. Su manera operística de cantar es su signo distintivo, es capaz de alcanzar las cuatro octavas. Su voz hipnótica, sus gritos descontrolados o sus extrañas composiciones la han convertido en una de las artistas más interesantes de las últimas décadas. Sus temas suelen hablar de sufrimiento, dolor, injusticias pero sobre todo, Galás se ha erigido como una de las estandartes de la lucha contra el sida y de la defensa de los derechos de los seropositivos, haciéndolos protagonistas de su obra. Polémica, controvertida, acusada de sanatismo, vampirismo y casi una reina de las tinieblas, la música de Diamanda Galás se ha convertido en el grito de denuncia contra una de las mayores plagas que ha asolado a la humanidad en los últimos años, el sida.

Hija de griegos ortodoxos, Diamanda Galás aprendió a tocar el piano clásico gracias a su padre, músico de jazz y director de un coro de gospel. Como ortodoxo le prohibió escuchar la radio y despreciaba a las mujeres que cantaban, sobre todo ópera. Por eso Diamanda nunca siguió estudios de canto de joven. Su estricta educación hizo de ella una rebelde y pronto decidió seguir su propio camino. Acabó tomando lecciones de canto por su cuenta. En sus inicios a mediados de los setenta actuaba en instituciones mentales. Fue en esas actuaciones donde desarrolló su particular estilo de cantar, sintiéndose libre de interpretar sin límites, gritando o inventándose palabras mientras cantaba.

El compositor de vanguardia Vinko Globokar la hizo protagonista de su ópera *Un Jour Comme Un Autre* estrenada en 1979 en el Festival de Aviñón. Una obra que relataba el arresto y la tortura de una mujer turca acusada de traición. A su regreso a Estados Unidos, sus actuaciones empezaron a darla a conocer entre la comunidad de artistas de vanguardia. En 1982 publicó su primero disco *The Litanies of Satan*, adaptación de un poema de Charles Baudelaire y en 1984 Diamanda Galas vio la luz. Poco después empezaba a trabajar en su trilogía *Masque Of The Red Death*, un trabajo impresionante que se centraba en la lucha contra el sida y que está compuesta por los discos *The Divine Punishment* de 1986, *Saint of the Pit* de 1987 y *You Must Be Certain of the Devil* de 1989.

En 1991 grabó en la catedral de St. John el disco en directo que la acercó al gran público, *Plague Mass*. Mezclando extractos de sus tres discos anteriores y citas bíblicas, la música gospel o poetas como Baudelaire, este trabajo fue un grito y una denuncia contra la situación que los enfermos seropositivos estaban viviendo en aquellos momentos. Su propio hermano murió de la enfermedad.

El inquietante *Vena Cava* de 1993 fue su siguiente disco, un trabajo a capella que se sumergía dolorosamente en la depresión. Un año después Galás grabó junto al el bajista de Led Zeppelin John Paul Jones *The Sporting Life*, su disco más rockero. Galás se acercaba al blues y al pop con *The Singer*, un disco de 1992 en el reinterpretaba al piano temas como "Insane Asylum" de Willie Dixon o "I Put a Spell on You" de Screamin' Jay Hawkins.

Schrei X de 1996 hablaba de la tortura y el aislamiento, otro de sus temas favoritos. *Malediction & Prayer* vio la luz en 1998. En 2003, Galás editó *Defixiones: Will and Testament*, donde rindió tributo a las víctimas del genocidio turco. Un año después volvió a las versiones con el directo *La Serpenta Canta*, interpretando a Hank Williams u Ornette Coleman, entre otros. Su último disco hasta la fecha es *Guilty Guilty Guilty* de 2008.

Mary Gauthier

La cronista de la América profunda

11 de marzo de 1962
Nueva Orleans, Luisiana

Su música se mueve entre el country alternativo y el folk rock con naturalidad, pero lo que distingue a Mary Gauthier de otras cantautoras es su querencia por contar historias de la América más profunda. Sus letras están plagadas de perdedores, malas hierbas que se descarrilaron en el largo camino de la vida. Los malditos, los abandonados y los fuera de la ley son sus personajes favoritos. Por eso la han llamado la Janis Joplin del folk-rock y la han comparado con grandes de la talla de Townes Van Zandt o Steve Earle.

Todos estos personajes de los que habla en sus canciones son los que ha conocido a lo largo de su vida, desde que dejó el instituto y se largó de Luisiana con tan solo 15 años. Para huir robó el coche de sus padres adoptivos. Con 16 años ya estaba en desintoxicación por sus problemas con el alcohol y las drogas y con 18 había pisado el calabozo en más de una ocasión. Después de ir a la escuela de cocina abrió su propio restaurante de comida cajún, Dixie Kitchen. Así tituló también su primer disco, pero aún quedaba para eso. En las cocinas de su restaurante estuvo durante 11 años y no escribió su primera canción hasta los 35. Después de ser detenida en 1990 por conducir borracha, dejó la bebida definitivamente y decidió que quería dedicarse a la música.

Para poder financiar su segundo trabajo vendió su restaurante. Mereció la pena. *Drag Queens in Limousines* de 1998 fue toda una revelación musical en la que ya se apreciaba la honestidad brutal de sus letras. Su tercer disco *Filth & Fire* confirmó su talento y le valió también numerosos premios. Después se mudó a Nashville. Firmó con Lost Highway que publicó su siguiente trabajo, el aclamado *Mercy Now*, al que No Depression nombrada sexto mejor disco de la década. En 2007 publicó *Between Daylight and Dark*, producido por Joe Henry.

En 2010 Gauthier publicó *The Foundling*, su disco más autobiográfico. Ya no cantaba a los malditos de América, sino a su propia vida y de nuevo lo hacía con una crudeza sin igual. Un disco producido por Mike Timmins de The Cowboy Junkies, que fue el que verdaderamente le dio el reconocimiento internacional. Sus canciones se enseñan incluso en las universidades e imparte workshops de composición habitualmente. Su último trabajo, *Trouble & Love* data de 2014 y sigue siendo uno de los mejores ejemplos de su talento como compositora sincera y descarnada.

Girlschool

La primera banda femenina de hard rock

1978
Londres, Inglaterra

Girlschool fue la primera banda de chicas en surgir del heavy metal y el hard rock, géneros dominados por los grupos masculinos. Difícil trabajo el de abrirse camino en un género tan masculinizado como el del rock duro, quizás por eso les costó tanto hacerse un hueco en los EEUU, a pesar de sus buenos resultados en Inglaterra. Aunque sin duda, Girlschool facilitarían a otras bandas femeninas abrirse camino en el duro mundo del metal.

El grupo se formó en Londres en 1977, la bajista Enid Williams y la cantante y guitarrista Kim McAuliffe fueron el germen del mismo. En aquel entonces se llamaban Painted Lady pero cambiaron de nombre a Girlschool al añadir a la banda a Kelly Johnson y Denise Dufort. La nueva ola de heavy metal británico estaba en pleno auge y Girlschool llegaron en el momento adecuado. Su primer single "Take It All Away" llamó la atención de Doug

Smith, el manager de Motörhead que decidió llevárselas de gira como teloneras de la banda y ejerció también como su mánager. Tras la gira, la banda firmó con Bronze Records.

En 1980 publicaron su disco de debut, *Demolition*, alcanzando el Top 30 en las listas inglesas con su agresivo hard rock. Con su siguiente disco *Hit and Run*, llegaron al Top 5. Un disco crudo y rabioso. Su EP *St. Valentine's Day Massacre*, grabado junto a Motörhead, escaló hasta el número 5 de la lista de singles. Este éxito, sorprendentemente, no les ayudó a entrar en el mercado norteamericano, aunque *Hit and Run* fue el disco que les consiguió compañía en EEUU. Siff Records decidió ficharlas pero lanzó un disco que combinaba temas de sus dos primeros trabajos. Sus dos siguientes discos *Screaming Blue Murder* de 1982 y *Play Dirty* de 1983 no mantuvieron el nivel de sus predecesores. Las tensiones entre las integrantes de la banda también empezaban a pasar factura.

Los continuos cambios en la formación no ayudaron a mantener al grupo cohesionado. Aunque siguieron publicando discos a lo largo de los años, Girlschool fueron incapaces de emular su éxito incluso en Inglaterra. Eso unido a la falta de ímpetu de su carrera en EEUU hizo que la banda se separara después de publicar *Take a Bite* en 1989. En los noventa tres miembros originales volvieron a reunirse para varios conciertos esporádicos y publicaron varios discos y recopilatorios. La banda sigue girando aprovechando el revival de bandas del metal pero sin alguna de sus componentes originales. Su último disco, *Guilty As Sin* es de 2015.

The Go Go's

Pioneras del rock en clave femenina

1978-1985
Los Ángeles, California

The Go-Go's fue uno de los primeros grupos de rock formado por mujeres que no solamente tuvieron éxito, sino que además componían sus propias canciones y no tenían detrás a un mánager o productor que las controlaba. También fue la primera banda de mujeres en colocar un disco en el número uno con Beaty and the Beat. The Go Go's surgieron de la escena punk de finales de los setenta y principios de los ochenta en California. Aunque la rabia de sus primeros años se suavizó ya en su primer disco, no hay duda de que The Go Go's vivieron el rock and roll al 100% y además, con una actitud desenfadada.

The Go Go's nacieron en 1978 y estaban formadas por Belinda Carlisle, Jane Wiedlin, Charlotte Caffey, Margot Olaverra y Elissa Bello. Carlisle solía pasarse los fines de semana en los clubs de punk de Los Ángeles, donde conoció a Wiedlin. Tras un viaje a San Francisco para ver a los Sex Pistols decidieron formar una banda. La única que había tocado y tenía realmente conocimientos musicales era la guitarrista Charlotte Caffey. Empezaron a tocar en fiestas locales e incluso hicieron una gira por Inglaterra con The Dickies. En 1979 Gina Schock sustituyó a Elissa Bello a la batería. La banda tenía su propia mánager y telonearon a Madness en el Whisky a-Go-Go, con la suerte de que el mítico grupo de ska inglés decidió llevárselas de gira con ellos a Inglaterra. Grabaron el single "We Got the Beat" en Stiff Re-

cords pero aunque llenaban sus conciertos y tenían un público fiel que las seguía, no conseguían firmar con ningún sello. Fue a finales de los ochenta cuando Kathy Valentine entró en la banda sustituyendo a Olaverra al bajo. Nunca antes había tocado el bajo, de hecho, tocaba la guitarra. Y aunque era un miembro temporal, a causa de la enfermedad de Olaverra, acabó quedándose en la banda. En 1981 The Go Go's consiguieron llamar la atención de Miles Copeland que las fichó para IRS Records. Ese mismo año publicaron su primer disco, *Beauty and the Beat*, convirtiéndose en una de las sorpresas del año incluso para la banda y su propia discográfica. Un disco que vendió dos millones de copias y consiguió diversos puestos en lo más alto de las listas de éxitos con "Our Lips Are Sealed" o "We Got the Beat". La fama les pasó la consabida factura y The Go-Go's se sumergían de lleno en los clichés del rock: drogas, habitaciones destrozadas y el lado salvaje de la vida.

Mientras tanto, la banda también se embarcó en una batalla legal con su compañía a la que acusaban de escatimarles royalties. En 1982 publicaron su segundo disco *Vacation* aunque no consiguió el mismo efecto que su disco de debut. Al año siguiente la banda no pudo actuar en directo ya que Caffey se había roto una muñeca. En 1984 volvían con *Talk Show*, aunque empezaba el desmoronamiento, a finales de año Wieldin dejó la banda que se disolvía en 1985. Aunque todas las miembros de la banda emprendieron carreras en solitario, fue Belinda Carlisle la única que consiguió asentarse profesionalmente a finales de los ochenta. Han sido varias las reuniones de la banda: en 1990 para un concierto benéfico y en 1994 para grabar tres nuevas canciones para el recopilatorio *Return of the Valley of the Go-Go's*. Momento en el que decidieron hacer de su unión algo permanente de nuevo. En 2001 publicaron su último disco *God Bless the Go-Go's*.

Kim Gordon

Icono del rock independiente

28 de abril de 1953
Rochester, Nueva York

La mujer de hielo, fría y distante, como algunos la han descrito, se ha desnudado en su autobiografía publicada en 2015, La chica del grupo. No hay

duda de la importancia que Kim Gordon ha supuesto para la historia de la música y no solo como miembro fundadora de Sonic Youth. Artista, compositora, bajista, creadora y mente inquieta, Gordon se ha erigido en figura imprescindible de la música independiente, una de las mujeres más prominentes de la música actual y en un modelo a seguir. Tanto en Sonic Youth como en sus proyectos paralelos siempre ha tenido presente el papel de la mujer, por eso en sus canciones ha tratado temas crudos como el acoso sexual o la violación.

Kim Gordon nació en Nueva York pero se crió en Los Ángeles, California, donde su padre era profesor de universidad. Lo cierto es que no empezó su carrera dentro de la música hasta mucho más tarde, su principal pasión era el arte. Gordon se graduó en Bellas Artes en el Otis College of Art and Design de Los Ángeles. En 1980 decidió mudarse a Nueva York donde pronto empezó a moverse en la escena artística del Soho, era comisaria de varias exhibiciones y escribía para revistas de arte. Empezó a interesarse por la música como intérprete mientras estudiaba en la Universidad de York en Toronto, donde formó su primera banda. Ya en Nueva York fundó el grupo CKM donde tocaba la guitarra junto a Stanton Miranda. Fue ella precisamente quien le presentó a Thurston Moore. Juntos formaron Sonic Youth en 1981, con el amigo de Moore Lee Ranaldo como segundo guitarra. La pareja se casó en 1984. Steve Shelley se les unió como batería en 1985.

Es indudable el papel de Sonic Youth como pioneros del noise-rock. Sus tres primeros EPs *Sonic Youth* (82), *Confusion is Sex* (83) y *Bad Moon Rising* (85) abrieron las puertas del noise, de la experimentación y el ruido de guitarras distorsionadas, creando un sonido nuevo. *EVOL* de 1986 fue su primer largo, le siguieron *Sister* (87) y *Daydream Nation* (88), discos que se han convertido en pilares del indie rock. Este último supuso además un antes y un después en la carrera de la banda. En 1990 dieron el salto a una major y publicaron su disco *Goo*. Neil Young los invitó como teloneros de su gira del *Ragged Glory*. En todos estos discos, la presencia de Gordon como bajista, vocalista y compositora no pasa desapercibida con temas tan impactantes como "Kissability", "Kool Thing", un tour de force entre hombre y mujer o "Tunic (Song for Karen)" dedicada a la malograda Karen Carpenter. Uno de los ídolos musicales de Gordon.

Pero Kim Gordon no se centró en Sonic Youth sino que expandió su influencia a otros grupos y proyectos. En 1991 ayudó a producir junto a Don Fleming otro de los discos puntales del rock hecho por mujeres, el *Pretty on the Inside* de Hole, a petición de la propia Courtney Love. En 1989 formó Harry Crews junto a Lydia Lunch y publicaron el disco *Naked in Garden Hills*. Era cabeza del Lollapalooza con su banda paralela Free Kitten que formó junto a Julia Cafritz de Pussy Galore y con la que ha publicado cuatro discos. El último de 2003 *Inherit* salió en el sello Sonic Youth Records que la banda había creado. Gordon incluso creó su propia línea de ropa X-Girl. Mientras, no dejaba de lado el arte, volvía a pintar, a exhibir y a comisariar exposiciones. En 1994 daba un paso más en su carrera de mujer casi renacentista lanzándose a la dirección de videoclips de "Divine Hammer" y la exitosa "Cannonball" de The Breeders.

Por supuesto, Sonic Youth no paraban de sacar discos y girar a nivel mundial, alcanzando el estatus de iconos del rock alternativo. Su último trabajo, *The Eternal*, data de 2009. La banda se separó oficialmente en 2011 tras el divorcio de Gordon y Moore. A pesar de la desaparición de Sonic Youth,

Gordon ha seguido trabajando en proyectos musicales como su colaboración con la influyente batería japonesa Ikue Mori. Junto al reputado guitarrista experimental Billy Nace creó el grupo Body/Head, sacaron su primer disco, *Coming Apart*, en 2013. Su último proyecto es Glitterbust, junto a Álex Knost de Tomorrow Tulips. Su primer disco homónimo es de 2016.

Patty Griffin

La sabiduría del Americana

16 de marzo de 1964
Old Town, Maine

Cantante y compositora exquisita, sus canciones han sido interpretadas por artistas como Dixie Chicks, Joan Osborne, Mary Chapin Carpenter, Solomon Burke o Linda Rondstadt. Patty Griffin ha sabido ganarse el respeto dentro del folk contemporáneo pero también de todo lo que suena remotamente a Americana, esa música de raíces profundas nacida del país de las barras y las estrellas. Griffin puede ser dulce y tranquila pero también sabe como imprimir la fuerza del rock a sus melodías.

Patty Griffin era la pequeña de siete hermanos y vivía en una casa llena de bullicio donde la música estaba muy presente. Con 16 años se compró su primera guitarra, no era muy buena, pero con ella aprendió a cantar y tocar. En aquellos primeros años no parecía que quisiera dedicarse a la música. La vida le llevó hasta Boston donde estuvo casaba brevemente. Fue en 1992, tras su divorcio, cuando empezó a escribir canciones y tocar con asiduidad en los locales de la ciudad. Un caza talentos de A&M Records se fijó en ella y le ofreció un contrato. Parece que los intentos por capturar en disco su sonido no surtieron efecto y su primer trabajo salió de las demos que ella misma había grabado simplemente con su guitarra. *Living with Ghosts* fue un disco sencillo y desnudo que ya demostraba su gran talento como compositora.

En 1988 publicó su segundo disco *Flaming Red* que grabó con banda y con una producción que contrastaba con la sencillez de su debut. Un trabajo que se alejaba de los sonidos más acústicos de su primer disco y se acercaba mucho más al rock. Dos años después Griffin contaba con la ayuda del prestigioso productor Daniel Lanois para grabar *Silver Bell*, un disco que seguía esa línea rockera. El que tenía que ser su tercer álbum se vio atrapado por los cambios en A&M que fue comprada por Universal. La compañía no estaba interesada ni en la cantante ni en su disco y aunque la dejó marcharse se quedó con los máster del disco que tardaría 13 años en ver la luz. Aunque llevaba ya unos cuantos circulando en forma de bootleg.

Griffin fichó entonces por el sello de Dave Matthews ATO y publicó *1000 Kisses* en 2002. Mientras tanto muchas de sus canciones eran grabadas por artistas reconocidos como Willie Nelson, Emmylou Harris o Shawn Colvin. Creció así su fama como compositora de canciones además de como cantante. Dos años después publicó *Impossible Dream*, un trabajo personal tras el que se tomó tres años para sacar su siguiente disco *Children Running Through*, en el que aunaba country y gospel. Junto a Mavis Staples colaboró en la canción "Waiting for My Child to Come Home". La buena química dio pie en 2010 a que su siguiente disco fuera de gospel. *Downtown Church* fue grabado junto a Buddy Miller en la iglesia Presbiteriana del Downtown en Nashville.

2010 también fue el año en el que participó en el disco de Robert Plant *Band of Joy*, luego lo acompañó en su posterior gira. Fue el inicio de una relación sentimental que duró unos años. Plant se fue a vivir con ella a Austin, donde la cantante se había mudado. En 2013 publicó un disco mucho más acústico *American Kid*, una vuelta a sus raíces que incluía a Plant cantando en tres canciones y la participación de los hermanos Cody y Luther Dickinson. Ese mismo año, por fin veía la luz *Silver Bell* de forma oficial. En 2015 Griffin creó su propio sello, PGM en el que publicó su excelente último trabajo *Servant of Love*.

H

Nina Hagen

La rebelde germana del punk

11 de marzo de 1955
Berlin Este, Alemania

En el mundo del rock, América es el país dominante. De eso no hay duda. A veces cantantes de otros países no consiguen la misma presencia que otras artistas simplemente por nacer en el país equivocado. Puede que sea el caso de Nina Hagen. La alemana fue una de las voces del punk en sus inicios y no hay que obviar su influencia en otras cantantes que le siguieron. Su característico estilo vocal es una de sus señas de identidad.

Nina Hagen nació en Berlín del Este. Sus abuelos murieron en campos de concentración y su padre fue también prisionero de los nazis. Su madre fue una conocida actriz de la Alemania comunista. En Berlín del Este ya era una cantante conocida y se había ganado un reputación en la escena punk de los setenta gracias a su característica voz y su irreverente presencia. En 1976 logró pasar al otro lado del muro. Allí formó su banda y firmó por CBS Alemania. Publicó su primer disco, *Nina Hagen Band* en 1978. Sus primeros trabajos, cantados en alemán, estaban protagonizados por su gutural y a veces hiriente voz, que no dejaba indiferente a nadie. En 1980 publicó *Unbehagen*. Y en 1980 dio el salto a los Estados Unidos con *Nina Hagen Band EP*, una mezcla de temas de sus dos anteriores trabajos.

En Nueva York grabó su primer disco en inglés, *Nunsexmonkrock* en 1982. Y un año después publicó *Fearless*. Dos discos que le dieron cierta fama pero que no acabaron de despegar. Después de publicar *Nina Hagen In Ekstacy*, abandonó CBS. En 1989 volvió a Alemania con *Nina Hagen*. Y aunque ha seguido publicando discos, ya sólo lo ha hecho con repercusión en el mercado germano. *Personal Jesus* de 2010 tuvo al descubrimiento de dios y su conversión al cristianismo como protagonistas. Un disco fresco y sorprendente en el que canta rock, blues, soul y gospel. En *Volksbeat* de 2011 canta canciones alemanas tradicionales.

Kathleen Hanna

Pionera del movimiento riot grrrl

12 de noviembre de 1968
Portland, Oregon

Aunque hayan negado ser las pioneras, no hay duda de que sin la aparición de la banda Bikini Kill, el movimiento riot grrrl no hubiera sido lo mismo. Ellas fueron las primeras en abrirse paso en una escena indie dominada por completo por los grupos masculinos y lo hicieron con la fiereza del punk y un mensaje feminista claro: Las chicas al poder. Su música fue polémica, controvertida, dura, un grito a la revolución en el que las mujeres por fin

tomaban la iniciativa para defender sus derechos. En sus canciones gritaban con rabia contra el abuso sexual o el maltrato, dando voz y poder a las mujeres y lo hacían con directos incendiarios y combativos. Bikini Kill creían que la música era una forma de cambiar el mundo y que las mujeres deberían formar sus propias bandas para hacerse oír, para crear comunidad a través de una escena punk que las uniese y les diese fuerza.

La banda se formó a finales de los ochenta en la universidad de Evergreen, en Olympia. Allí estudiaban Kathleen Hanna, Tobi Vail y Kathi Wilcox. Todas habían participado en diferentes fanzines feministas y tocaban por separado en distintos grupos antes de formar Bikini Kill junto al guitarrista Billy Boredom. Su objetivo inicial era llevar las ideas feministas a todas las mujeres que pudieran y para ello, pensaron que la música era el medio ideal para transmitir su mensaje. Su música pretendía desafiar el status quo establecido en el que los grupos masculinos llevaban la voz cantante y los grupos femeninos siempre eran puestos en duda o criticados. Siete años de vida como banda sirvió para cambiar el rumbo que muchas mujeres tomarían cuando decidieran que la música sería su vida.

Su participación en la histórica International Pop Underground Convention de 1991 marcaría el inicio del movimiento riot grrrl. Una convención que nacía con la idea de dar voz alternativa a las tradicionales convenciones musicales dominadas por la industria. El evento incluía una noche de bandas femeninas en la que actuaron Bikini Kill, L7 o Bratmobile, entre otras. Bikini Kill publicó ese año su primera demo en cassette, la seminal *Revolution Girl*

Style Now que se convirtió en un verdadero objeto de coleccionista. Su siguiente trabajo fue el EP *Bikini Kill*, producido por el incombustible Ian Mackaye de Fugazi, en él que se reelaboraba mucho del material de su primera demo. Un año después vio la luz un 12" *Yeah*, *Yeah*, *Yeah*, *Yeah*, compartido con la banda británica Huggy Bear, que les llevó de gira por Inglaterra y facilitó que el movimiento riot grrrl cruzara el charco y llegara hasta Europa.

Tras su vuelta a los Estados Unidos, la banda trabajó con una de sus ídolos, Joan Jett. Ella produjo el siguiente single de Bikini Kill que contenía "New Radio" por una cara y su mítico tema, "Rebel Girl" en la otra. Un verdadero himno feminista. Por su parte Hanna co-escribió uno de los temas del siguiente disco de Jett, *Pure and Simple*.

En 1994 vio la luz su primer largo, *Pussy Whipped*. Un disco potente y rabioso que recuperaba el sonido crudo de sus primeras grabaciones. En 1996 publicaron su último trabajo *Reject All American*. La prensa había dejado de interesarse por el movimiento riot grrrl, ya no era una novedad y la industria se dirigía hacia otros derroteros. El grupo se disolvía en 1998 dejando un legado importante que impactó en muchos grupos femeninos que vendrían detrás.

Emmylou Harris

La dama del country rock

2 de abril de 1947
Birmingham, Alabama

Emmylou Harris encontró en Gram Parsons a su gran mentor y amigo, ambos le dieron una vuelta de tuerca al country anquilosado y lo convirtieron en rock cósmico, como Parsons lo llamaba. Juntos cambiaron el rumbo de la música country, transformaron su patrón clásico y abrieron una puerta que nunca más se cerró. Puede que no haya vendido tantos discos como otros artistas contemporáneos, pero no hay duda del impacto que Emmylou Harris ha tenido en la música americana contemporánea a lo largo de sus más de 40 años de carrera.

Emmylou Harris nació en Birmingham, pero siendo su padre militar, pronto se acostumbró a viajar de un lado a otro. Después de obtener una beca en la Universidad de Carolina del Norte, empezó a estudiar música

y a tocar con un compañero de clase. Poco después se mudó a Nueva York donde empezó a moverse por el circuito de clubes. Allí conoció a su primer marido, el compositor Tom Slocum. En 1970 publicó su primer disco, *Gliding Bird.* El sello que lo publicó se declaró en bancarrota y su matrimonio se fue a pique prácticamente al mismo tiempo, dejándola sola con una hija pequeña a la que criar. Harris se mudó entonces con sus padres a Washington, D.C.

En 1971 llegó el momento decisivo que cambiaría su vida musical. Miembros de los Flying Burrito Brothers, pioneros del country-rock, la vieron tocar y su entonces líder Chris Hillman incluso pensó en darle un puesto en la banda. En vez de eso, se la recomendó a otro ex Flying Burrito, Gram Parsons que buscaba una cantante femenina para su primer disco en solitario. En 1972 publicaron juntos *G.P* y en 1973 *Grievous Angel*, dos obras maestras y álbumes puntales en la fusión del country y el rock. Harris también giró con Parsons en su banda Fallen Angels. Ese año Harris perdió a su gran mentor musical víctima de las drogas en un hotel de Joshua Tree. Empezaba la leyenda de Gram Parsons.

Junto a Tom Guidera formó The Angel Band y firmó por Reprise, con ellos grabó *Pieces of the Sky* en 1975. Un disco que es ya todo un clásico y que incluía "Boulder to Birmingham", un sentido homenaje a su fallecido mentor. Entonces empezaron las colaboraciones con Linda Ronstadt, Dolly Parton o Neil Young, entre otros. En 1976 salió a la luz *Elite Hotel*, un disco que contaba con una banda diferente, The Hot Band y que formó junto a los legendarios acompañantes de Elvis James Burton y Glen D. Hardin y un entonces desconocido Rodney Crowell. En 1977 apareció *Luxury Liner* pero Harris también tenía tiempo de colaborar en el disco de Bod Dylan *Desire* y formar parte de *The Last Waltz*, la última actuación de la mítica The Band.

Cuarenta años de carrera dan para mucho y Emmylou Harris no ha parado de publicar discos que le han valido ya 13 premios Grammy. Ha sabido mantener una carrera ecléctica, versátil y prolífica siempre conservando su estilo personal. Entre sus discos destacan el autobiográfico, *The Ballad of Sally Rose* de 1980, su exitoso *Trio* junto a Dolly Parton y Linda Ronstadt de 1987 y el impresionante cambio de rumbo que supuso *Wrecking Ball*, un disco producido en 1995 por el siempre efectivo Daniel Lanois. Este último incluía canciones de Neil Young, Bob Dylan, Jimi Hendrix, Gillian Welch o Lucinda Williams.

All the Roadrunning en 2006 marcó otra colaboración esta vez junto a Mark Knopfler. Durante los últimos años de su carrera ha vuelto a reencontrarse con Rodney Crowell y han publicado dos discos juntos *Old Yellow Moon* de 2013 y *The Traveling Kind*, producido por Joe Henry en 2015.

Debbie Harry

La diva New Wave

1 de julio de 1945
Miami, Florida

Blondie fue la primera banda New Wave que logró traspasar la línea que separa el éxito masivo y aún así convertirse en formación de culto. Y gran parte de ese triunfo se debe a Debbie Harry, la diva de mirada penetrante que cantaba con voz sofisticada y se movía de forma hipnótica sobre el escenario. El grupo consiguió darle la vuelta a la industria discográfica con su música, heredera del pop de los sesenta y salpicada de la frescura del movimiento New Wave. El papel de Debbie Harry como líder de la banda rompía convenciones, no sólo por el tipo de música que componía sino también por la presencia y actitud agresiva de la cantante, algo poco usual en una mujer.

Angela Tremble nació en Miami pero fue adoptada a los tres meses por Catherine y Richard Smith. Se crió en los suburbios de Nueva Jersey. En los sesenta empezó su carrera musical en la banda de folk-rock Wind in the Willows, aunque sólo publicaron un disco homónimo para Capitol en 1968. Sin éxito, el grupo se separó poco después. Durante aquellos años Harry tuvo innumerables trabajos para sobrevivir, desde conejita de Playboy a camarera en el Max's Kansas City, donde empezó a codearse con el mundillo del punk.

En 1973 se cruzó en su camino Chris Stein. En aquel entonces Harry cantaba con el trío femenino The Stilettos y empezaba a componer temas como "I Want to Be a Platinum Blonde". Aunque Stein se unió al grupo,

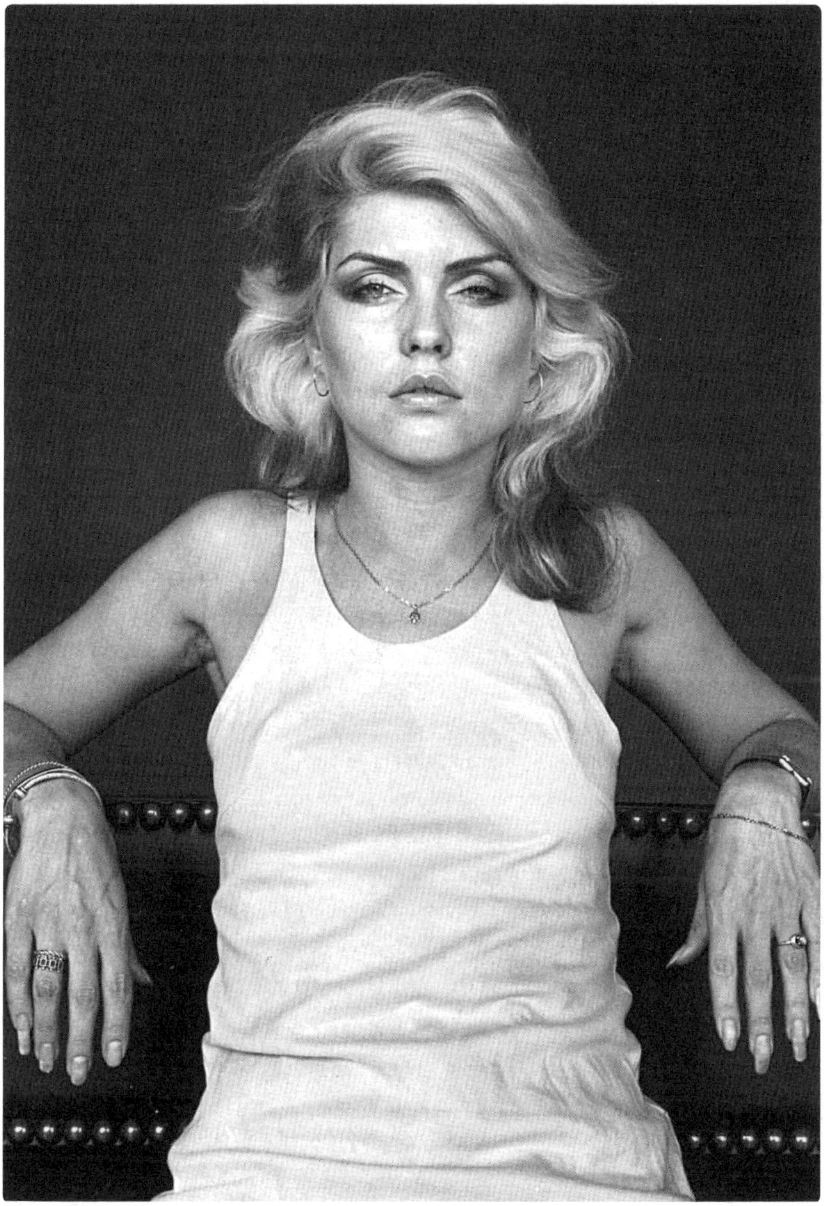

pronto Harry y él decidieron montar su propia banda junto al bajista Gary Valentine, James Destri al teclado y Clement Burke a la batería. El nombre del grupo nació de los piropos que le hacían a Debbie Harry.

En 1976 el grupo firmaron con Private Stock y publicaron su primer disco homónimo aunque con poco éxito, incluía el single "X-Offender".

Un año después se mudaban al sello Chrysalis, Valentine dejaba la banda y editaban *Plastic Letters*. En Inglaterra empezaron a despuntar pero Estados Unidos aún se les resistió. Hasta que en 1978 salió a la luz *Parallel Lines*, producido por Mike Chapman, el artífice del éxito de Suzi Quatro. La banda añadió dos nuevos miembros Nigel Harrison y Frank Infante. Este fue el disco que abrió las puertas del éxito al movimiento New Wave, con singles como "Heart of Glass" vendieron 20 millones de copias. Blondie tuvo el talento pero también la suerte de estar en el lugar adecuado en el momento apropiado, en una Nueva York en plena ebullición cultural y musical.

Su siguiente disco, *Eat to the Beat* de 1979, no tuvo tanto éxito, pero "Call Me", canción incluida en la banda sonora de *American Gigolo*, les valió otro número 1. Le siguieron "The Tide Is Hide" y "Rapture" de su disco *AutoAmerican* de 1980. "Rapture" fue una de las primeras canciones que introdujo el rap a las grandes audiencias, fruto de la pasión de Harry y Stein por la cultura del graffity de Nueva York. Ese mismo año, Harry publicó su primer disco en solitario. *KooKoo* fue un trabajo menos accesible que sus discos con Blondie. Tras publicar *Hunter* en 1983 Blondie se separaron.

Una de las principales razones del parón de la banda fue la rara enfermedad de Chris Stein, afectado de pénfigo. Harry se retiró para cuidar a su pareja. Pasarían cinco años antes de que volviera a cantar. Y aunque publicó en 1986 *Rockbird* se centró más en su carrera como actriz. En 1989 llegaba su tercer disco en solitario, *Def, Dumb & Blonde*, más orientado al dance. En los noventa Harry disfrutaba de su estatus de estrella de culto y de su floreciente carrera cinematográfica. También publicó *Debravation* y grabó y giró con la banda de jazz de vanguardia The Jazz Passengers. En 1999 Blondie volvían a reunirse para una gira y la edición de su primer disco en 17 años, *No Exit*. Un gran éxito gracias al single "Maria". Tres años después publicaban *The Curse of Blondie*. Y en 2007 Debbie Harry editó su último disco en solitario *Necessary Evil*. En 2011 Blondie se reunían de nuevo para grabar *Panic of Girls*.

PJ Harvey

La crudeza hecha mujer

9 de octubre de 1969
Yeovil, Inglaterra

Difícil de etiquetar, PJ Harvey ha sabido siempre mantenerse fiel a sí misma, con una presencia fuerte y tremedamente individualista. Hay muchos caminos en la música, PJ Harvey ha seguido el suyo propio y al hacerlo ha dejado su huella en la historia del rock. En sus canciones trata temas como el amor, el sexo o la religión con una crudeza, honestidad y humor negro únicos. Muchas voces femeninas surgieron tras la oleada de rock alternativo que invadió los noventa, pero pocas con una fuerza y personalidad tan marcadas como la de Polly Jean Harvey. Sus desgarros sónicos, llenos de rabia y de emoción, convirtieron sus tres primeros discos en fundamentales para entender ese sonido liberador en el que la cantante se deja llevar arrastrando mareas de emociones.

Harvey se crió en una granja, su madre era artista y solía organizar conciertos en el pub local, pronto la animó a tocar el saxofón y la guitarra.

Durante su adolescencia tocó con diversas bandas hasta que en 1991 se unió al bajista Ian Olliver y al batería Rob Ellis y formó el trío PJ Harvey. Una demo suya llegó a Too Pure Records y editó su primer single "Dress" que se convirtió en toda una sensación en las listas de rock independiente en Inglaterra. En su segundo single "Sheela-Na-Gig", Steve Vaughan sustituyó a Olliver. Ambos temas formaron parte de su debut, *Dry*, publicado en 1992. Un álbum plagado de letras provocativas coronadas por la presencia de la propia Harvey, femenina y poderosa al mismo tiempo.

Su segundo disco, *Rid of Me* fue producido por Steve Albini, a PJ Harvey le había gustado su trabajo con Pixies. Este álbum le ayudó a crearse una base de seguidores fieles y un estatus de culto, gracias a sus abrasivas canciones y su crudeza sonora. Ese mismo año publicó *4-Track Demos*, que reunía las versiones originales de *Rid of Me*. Tras la gira del disco, Ellis y Vaughan abandonaron el trío y Harvey grabó su tercer disco en solitario acompañada de los guitarristas John Parish y Joe Gore. *To Bring You My Love* data de 1995 y es un disco con un sonido más blues tamizado por el filtro oscuro de la propia Harvey. También fue su disco más aclamado y el que acabó de lanzarla al estrellato del rock independiente.

1996 la tuvo centrada en diversas colaboraciones como el dueto junto a Nick Cave, su entonces pareja, para *Murder Ballads* y *Dance Hall at Louse Point*, un disco que sirvió para afianzar la unión con su media naranja musical, John Parish. Durante un año paró de trabajar en su siguiente disco, no estaba contenta con el resultado. *Is This Desire?* se publicó finalmente en 1998 y es su trabajo más experimental. Dos años después grabó con Robert Ellis y Mick Harvey *Stories From the City, Stories From the Sea*, una oda a la ciudad de Nueva York y también su disco más rockero.

En 2001 Harvey se convirtió en la primera mujer en ganar el prestigioso Mercury Prize. Los dos siguientes años se los pasó trabajando en su próximo proyecto y colaborando en los trabajos de Giant Sand *Cover Magazine*, *How Animals Move* de John Parish y las *Desert Sessions* de Queens of the Stone Age.

Su siguiente trabajo apareció en 2004, *Uh Huh Her* es quizás su trabajo más flojo. Tres años después llegó *White Chalk*, un disco en el que el piano es el protagonista y que es sin duda su trabajo más oscuro, una joya atemporal. Su siguiente disco volvió a unirla a John Parish con el que compartió las tareas compositivas en *A Woman a Man Walked By* de 2009. Dos años después vio la luz *Let England Shake* junto a Mick Harvey y Parish de nuevo, un disco más político y menos personal en cuanto a letras se refiere. Su último disco

The Hope Six Demolition Project de 2016 lo ha grabado con público presente como parte de una instalación artística, demostrando como siempre, que PJ Harvey es única y sigue su propio camino.

Kristin Hersh

Pionera del rock alternativo

7 de agosto de 1966
Atlanta, Georgia

Throwing Muses fue una de las grandes bandas femeninas alternativas de los ochenta y una de las primeras en saltar de las emisoras de rock universitarias de Boston a un público más amplio. Fue también el primer grupo americano en firmar con el prestigioso sello inglés 4AD y su particular sonido avanzó el rock alternativo mucho antes de que ese término ni siquiera existiese. Gran parte de ello, gracias a las letras impactantes de Hersh.

Kristin Hersh y Tanya Donelly formaron la banda en 1983. Amigas de la escuela, se convirtieron en hermanastras cuando la madre de Kristin se

casó con el padre de Tanya. A los catorce años, Kristin empezó a escuchar voces dentro su cabeza, todo lo que le decían pasó a formar parte de las letras únicas de Throwing Muses. Mal diagnosticada como esquizofrénica y luego como bipolar, la lucha interna contra sus demonios creó algunas de las mejores canciones de la banda. Surrealismo, alucinaciones, locura, miedo, inseguridades, oscuridad y estructuras originales y retorcidas se convirtieron en el sello de sus composiciones.

Kristin y Tanya se dividieron las tareas a las voces y guitarras principales, aunque la primera se ocupó de la mayoría de composiciones. Les acompañaban David Narcizo a la batería y Leslie Langston al bajo. Tras grabar la maqueta *The Doghouse Cassette*, el influyente sello británico 4AD se fijó en ellas convirtiéndolas en la primera banda americana que ficharían. Tras publicar su debut homónimo en 1986, un disco visceral en el que el punk y el folk se daban la mano, así como los EPs *Chains Changed* de ese mismo año y *The Fat Skier* de 1987, la banda se convirtió rápidamente en grupo de culto en Inglaterra. Giraron por el país británico con Pixies como teloneros.

En 1988 editan uno de sus trabajos más crudos *House Tornado* con Sire, una subsidiaria de Warner en EEUU y un año después *Hunkpapa*. Son sus discos más rockeros. En 1991, Langston dejó la banda y Fred Abong tomó el bajo para grabar *The Real Ramona*. Un disco que marcó un cambio en su sonido, menos endurecido. Donelly tan solo podía aportar una o dos canciones a la banda, pero su sonido más pop se destilaba en las canciones de la misma. Aparecieron las primeras tensiones creativas, hasta que Tanya Donelly decidió dejar el grupo en 1992 para unirse a Breeders junto a Kim Deal y más tarde formar, Belly.

Ese mismo año, Hersh reunió a la banda con Langston y Narcizo para grabar *Red Heaven*, su disco más exitoso y que además contó con la colaboración de Bob Mould de Hüsker Dü. En 1994 Hersh publicó su primer disco en solitario, el excelente *Hips and Makers* producido por el guitarrista Lenny Kaye. Un trabajo que vendió más que ningún disco de su banda. Gran parte de su éxito le vino gracias al dueto de Hersh con Michael Stipe de R.E.M. en "Your Ghost". Un año después, Bernard Georges sustituyo a Langston y junto al siempre efectivo Narcizo publicaron el hipnótico *University*, su disco más accesible. Tras ello llegó *Limbo* y la banda se disolvió, y Kristin prefirió emprender carrera en solitario. De la misma destaca su disco de 2003 *The Grotto*. En los últimos años el grupo ha vuelto a reunirse en ocasiones, ha publicado varios recopilatorios, un disco homónimo y en 2013 *Purgatory/Paradise*, con 32 canciones con ensayos e ilustraciones de Hersh y diseño de Narcizo.

Billie Holiday

Lady Day

7 de abril de 1915 – 17 de julio de 1959
Baltimore – Nueva York

Aunque fuese una cantante de jazz, es indudable la influencia que su voz y su forma de interpretar ha tenido en otras cantantes de rock como Janis Joplin. Su emoción y sentimiento al cantar la convirtieron en una de las grandes

voces de todos los tiempos. Entre los años 1933 y 1958, Billie Holiday logró forjar un legado musical innegable tocando con músicos de la talla de Benny Goodman, Count Basie, Artie Shaw o su gran amigo, el saxofonista Lester Young. Él la bautizó como "Lady Day" por su sofisticación al cantar. Su trágica vida no le impidió sellar su destino como una de las grandes estrellas de la historia de la música. Ella cantó el jazz con alma de blues y cambió para siempre lo que significaba cantar con verdadero sentimiento.

Los comienzos de Billie Holiday no fueron fáciles y marcaron su vida para siempre. Sus padres eran apenas unos adolescentes cuando nació y no fueron capaces de enfrentarse a la responsabilidad de tener una hija. Él, músico de jazz, huyó abandonándolas cuando apenas era un bebé. Su madre la dejaba al cuidado de parientes que no se preocupaban de ella. Con diez años acabó en un reformatorio católico después de ser violada. Tras lograr salir de aquel infierno, se trasladó con su madre a Nueva York en 1927 donde malvivió para poder llevarse un trozo de pan a la boca. En 1933, cuando tenía 18 años, John Hammond la descubrió cantando en un club nocturno y la fichó para Columbia. Él le presentó a Benny Goodman y pasó a formar parte de su orquesta.

Dos años más tarde, Holiday grabó cuatro canciones con la banda de Teddy Wilson, entre ellas "What a Little Moonlight Can Do". Sus primeros éxitos eran canciones del repertorio Tin Pan Alley, los únicos temas que en aquella época eran accesibles para artistas negros. Billie Holiday era capaz de convertir cualquier canción simple en pura emoción, a pesar de la poca calidad de los temas que le ofrecían. Ese mismo año apareció en la película *Symphony in Black* junto a Duke Ellington y conoció al que sería uno de sus más estrechos colaboradores, el saxofonista Lester Young. Ella le puso el nombre de Prez como abreviatura de lo que para ella era Young, "The President of Sax". En él se apoyó en los momentos más difícil y con él grabó algunos de sus trabajos más imprescindibles.

En 1937 giró con Count Basie. Y con Shaw un año después se convirtió en la primera mujer de color que cantaba en una orquesta blanca. Sería el año de su éxito "I'm Gonna Lock My Heart", un tema que llegó al número dos de las listas de pop. Su inusual forma de cantar le causó algún que otro problema y su color de piel también. Eran tiempos difíciles, Holiday se cansó de sufrir desplantes por parte de promotores y dueños de clubes y abandonó la orquesta de Shaw. El cambió fue a mejor, estuvo dos años cantando en el Café Society, el primer club nocturno con una audiencia mixta. Allí Billie Holiday entró como cantante y salió como estrella, gracias en parte a la canción "Strange Fruit". Basada en un poema sobre los brutales linchamientos de negros en el sur, Columbia no quiso publicarla por su controvertida letra. Ella se la llevó a Commodore y se convirtió en su tema más famoso. Su voz marcada por el dolor cantaba desgarrada. Una joya imperecedera.

En 1944 fichó con Decca y cantó melodías emotivas como "Lover Man". Fue en 1947 cuando sus problemas empezaron a multiplicarse tras ser detenida por posesión de narcóticos. Le costó un año en la cárcel. Hacía tiempo que abusaba del alcohol y las drogas. En 1949 volvió a ser detenida por la misma razón.

En los años cincuenta, sus problemas evidentes con las drogas y el alcohol empezaron a pasarle factura a su salud y cada vez eran menos frecuentes sus apariciones públicas. Aún así, en 1954 publicó su cruda autobiografía *Lady Sings The Blues* y un disco con el mismo nombre, una de las grandes joyas de su catálogo. Dos años después volvió a su primer hogar, Columbia, para grabar su último gran disco, *Lady in Satin*. Murió en 1959 después de serle diagnosticada una cirrosis. Tenía 44 años. Se iba siendo toda una leyenda.

Jolie Holland

La exploradora musical incansable

17 de mayo de 1976
Houston, Texas

La voz de Jolie Holland es de las que te atrapa, arrastrada y susurrante. Con su guitarra eléctrica mezcla sonoramente géneros como el rock, el jazz, el folk y el blues. En sus composiciones la oscuridad y los sentimientos serpenteantes se entrelazan. Admiradora de Dylan y sus The Basement Tapes o de Tom Waits, que le ha confesado también su admiración, Holland experimenta con el sonido acompañando la música con una voz profunda e incon-

fundible que recuerda a Billie Holiday o Bessie Smith. Sonidos tradicionales del country y el folk se fusionan en sus composiciones con la modernidad del jazz y del rock plagadas de letras atmosféricas y oscuras. Holland es una poeta musical y una renovadora en continua exploración de las formas musicales americanas.

Jolie Holland se crió en Texas. Desde niña se sintió atraída por la música, con seis años empezó a experimentar componiendo sus propias canciones en un pequeño piano. De adolescente tocaba el piano, la guitarra y el violín. Aburrida de las clases, con 16 ya actuaba en directo. El blues, la psicodelia o el folk del maestro Woody Guthrie fueron sus primeras influencias. En 1994 se lanzó a la carretera, pasando varias temporadas en ciudades como Nueva Orleans, Austin, San Francisco y finalmente Vancouver.

Fue en Canadá donde formó el grupo de folk neo-tradicionalista The Be Good Tanyas junto a Trish Klein y Samantha Parton. Aunque era una de las principales compositoras en el primer disco de la banda, *Blue Horse* de 2001, pronto las divergencias musicales hicieron que partiera camino a San Francisco. Allí decidió juntar en una demo sus composiciones en solitario. Parton de visita, le echó una mano en las grabaciones, mientras su amigo Chris Arnold, ingeniero de sonido, le dio forma a las pistas. Aunque fue concebido como un cd totalmente independiente para vender en sus conciertos y entre sus amigos, la demanda fue tal que tuvo que hacer más copias.

Pronto su música sonaba en emisoras independientes de todo el país y Tom Waits la seleccionó como nominada para el prestigioso premio Shortlist. Anti-Records la fichó en 2003 y reeditó su primer trabajo como *Catalpa*, el nombre de un árbol que Holland había visto en Texas. Un año después llegaba su segundo disco, *Escondida*. Su primer trabajo de estudio real la estableció como una de la compositoras americanas más prometedoras del momento. En 2006 publicó *Springtime Can Kill You*, un salto a nivel compositivo que seguía explorando los caminos musicales que Holland recorría, sin dormirse en los laureles. En 2008 vio la luz *The Living and the Dead*. Entre los músicos invitados estaba el maestro de la guitarra experimental

Marc Ribot o el cantante M Ward. Poco después se mudó a Nueva Orleans. Grabó su siguiente disco, *Pint of Blood* en 2011 entre Nueva York y su estudio casero. El trabajo contaba con The Grand Chandeliers como banda de acompañamiento. Un grupo formado por su productor Shahzad Ismaily, Ribot y Grey Gersten. Incluía nueve temas nuevos y una versión del "Rex's Blues" de Townes Van Zandt. Un disco que estaba inspirado ligeramente en el *Zuma* de Neil Young. Aún así es un trabajo Holland al 100% y quizás su disco más redondo. Su último álbum *Wine Dark Sea* es de 2014 y supone un paso más en su camino exploratorio musical. Actualmente trabaja en un proyecto junto a su ex compañera en The Be Good Tanyas, Samantha Parton.

Brittany Howard

La poderosa voz del nuevo soul rock

2 de octubre de 1988
Athens, Alabama

El cuarteto de Alabama sorprendió a todos con su disco de debut y lo hizo gracias a un sonido deudor de las melodías surgidas de Muscle Shoals pero también a la potente voz de su cantante, Brittany Howard. Su voz daba al disco un efecto explosivo que no dejó indiferente a nadie, convirtiendo a la banda en un fenómeno, ganando inmediatamente premios y alabanzas. Howard es una de las voces femeninas más prometedoras y viene acompañada por la música de una banda que tiene la cualidad de, mirando al pasado, darle a su música la frescura de un sonido totalmente contemporáneo.

Alabama Shakes se formaron en 2009 cuando Brittany Howard y Zac Cockrell se conocieron en el instituto, entonces eran un grupo de versiones de Otis Redding o Chuck Berry y se llamaban The Shakes. El cuarteto lo completan a parte de Howard a las voces y Cockrell al bajo, Steve Johnson a la batería y Heath Fogg a la guitarra. Su música es la mezcla perfecta de blues rock de raíces y southern soul de bandas que surgieron de los famosos estudios Muscle Shoals. Howard era cartera en Athens antes de dedicarse a la música por entero, Fogg pintaba casas y Cockrell era veterinario, pero el éxito sin precedentes de la banda les ha permitido centrarse en su música.

El descubrimiento llegó de la mano del bloguero y presentador de SirusXM, Justin Gage que colgó un mp3 de la canción "You Ain't Alone" en su blog *Aquarium Drunkard*. Al día siguiente a la banda le llovían las ofertas. Su primer EP, titulado como el grupo, salió en 2011. Poco después, Patterson Hood, líder de Drive-By Truckers los eligió como teloneros de su gira.

Su primer disco *Boys & Girls* fue publicado en 2012, lo grabaron y produjeron ellos mismo en Nashville con el dinero que ganaron en sus giras. Su single "Hold On" fue uno de los puntales de su éxito, granjeándoles numerosas nominaciones, premios y críticas favorables. Pronto se convirtió en disco de oro y la banda fue una de las sensaciones musicales del momento. Su segundo trabajo confirmó la excelencia de la banda. *Sound & Color* de 2015 alcanzó el número 1 de las listas americanas. Una nueva vuelta de tuerca a los sonidos retro, al rock con raíces que despega hacia nuevos horizontes. Alabama Shakes tienen una prometedora carrera por delante.

Chrissie Hynde

La dura rockera

Akron, Ohio
7 de septiembre de 1951

Aunque The Pretenders siempre se han considerado una banda, Chrissie Hynde ha sido la indiscutible líder del grupo. Fue ella la que se ha erigió en voz y cara de la formación a lo largo de su historia. A veces muy a pesar suyo, a causa de los cambios en el grupo y la muerte o despido de alguno de sus miembros. Inconformista y de fuerte carácter, con opiniones sobre las mujeres y el rock bastante controvertidas, no se puede negar que Hynde fue una de las primeras mujeres en liderar su propia banda, tocar la guitarra y además ser la compositora principal de una formación con éxito mundial.

Natural de Akron, Ohio, Chrissie Hynde descubrió el rock gracias a la radio. A ella se pasaba horas pegada. La British Invasion la pilló de lleno y ella se dejó llevar. Tras estudiar en la universidad durante tres años decidió que lo suyo era la música y que Inglaterra era el lugar ideal para buscar su sueño de formar un grupo. En 1973 se mudó a Londres, había aprendido a tocar la guitarra y escribía sus propias canciones. Al principio trabajó como camarera, pero se cruzó en su camino Nick Kent quien la ayudó a conseguir un trabajo como periodista para la revista NME. El periodismo musical no acabó de convencerla y lo dejó para trabajar en la tienda de Vivienne Westwood y Malcolm McLaren, uno de los puntos claves del nacimiento del punk.

Aunque tocó en varias bandas durante su estancia en Londres, la cosa no acabó de cuajar y volvió a los Estados Unidos en 1975, tras un corto periodo en París tocando con The Frenchies. Inglaterra volvía a llamarle al año siguiente. Junto a Mick Jones, que más tarde formaría The Clash, montó una banda que no duró mucho. Y con Masters of The Backside tampoco estuvo mucho tiempo, después de marcharse, sus compañeros Dave Vanian y Rat Scabies formarían The Damned.

Por fin en 1978 Hynde encontró a los músicos adecuados y decidió formar su propia banda. La acompañaban el guitarrista James Honeyman-Scott, el bajista Pete Farndon y el batería Martin Chambers. The Pretenders consiguió un mánager, Dave Hill, que acababa de fundar su sello Real Records. Nick Lowe produjo su primer single con la versión de "Stop Your Sobbing" de los Kinks por una cara y la original "The Wait" por la otra. En 1980 publicaron su primer álbum *The Pretenders*, un disco que se convirtió en un éxito inmediato gracias al single "Brass in Pocket". La banda despegaba pero también lo hacían los problemas. Disputas contractuales retrasaron su segundo disco *Pretenders II* y un año después, Hynde despidió a Pete Farndon por sus problemas con las drogas. Al poco tiempo Honeyman-Scott murió de un ataque al corazón por una sobredosis. A pesar de los obstáculos, demostrando que la banda era ella y que nada podía detenerla, Hynde publicó en 1983 *Learning to Crawl*, el disco que consagró a The Pretenders.

Con los cambios en la formación, la cantante se hizo cada vez más presente como líder de la banda. Ella era y es The Pretenders. En 1986 publicaron *Get Close* con otro de sus grandes éxitos "Don't Get Me Wrong". Hynde hizo sus primeros pinitos fuera de la banda junto a UB40 con las canciones "I Got You Babe" y "Breakfast in Bed". En 2008 volvió a publicar con The Pretenders *Break Up the Concrete* y dos años después, se juntó con su pareja JP Jones y publicó *Fidelity!*. En 2014 salió a la luz su primer disco en solitario, *Stockholm*. Curiosamente, es el único disco en el que en vez de escribir los temas ella sola colaboraba con otra persona, Björn Yttling, de la banda sueca de pop Peter Bjorn and John.

I

Indigo Girls

El dúo de folk-rock

1985

Athens, Georgia

Amy Ray y Emily Saliers formaron Indigo Girls a finales de los ochenta. Ambas se convirtieron en uno de los dúos de folk rock más importantes sur-

gidos de la escena de Athens, Georgia. Sus influencias y sus diferentes personalidades se combinaron a la perfección para formar un sonido propio. Saliers señalaba a Joni Mitchell o James Taylor como sus mayores influencias, mientras Ray escuchaba a Hüsker Dü, Patti Smith o The Replacements. Esas diferencias musicales y sus distintos estilos de componer fue el germen de su sonido y las ayudó a mantenerse cuando otros artistas desaparecieron de escena.

Aunque ambas empezaron a tocar juntas a principios de los ochenta, después de conocerse en el instituto, no fue hasta finales de la década cuando despuntaron. Después de dejar la universidad decidieron centrarse en su carrera musical. Epic les ofreció un contrato, aunque antes ya habían publicado cuatro trabajos y tenían una legión fiel de seguidores. En 1986 habían publicado un EP de manera independiente y en 1987 lanzaron su primer largo *Strange Fire*.

En 1989 llegó su primer disco homónimo para Epic. Michael Stipe de R.E.M. era el invitado especial en la canción "Kid Fears", algo que les ayudó a tener presencia en las emisoras universitarias. "Closer to Fine" fue su primer éxito y el álbum consiguió un Grammy como mejor disco de Folk contemporáneo. Su primer trabajo *Strange Fire* fue reeditado y en 1990 publicaron *Nomads Indians Saints* y el EP en directo *Back on the Bus, Y'All*.

En 1992 vio la luz *Rites of Passage* y dos años después *Swamp Ophelia*, uno de sus mejores trabajos discográficos y un punto de inflexión en su carrera. Un disco doble en directo *1200 Curfews* sería su siguiente trabajo en 1995. Y en 1997 llegó *Shaming of the Sun*, su disco más rockero. Sus siguientes trabajos no tuvieron tanta repercusión como los primeros y Epic decidió prescindir de ellas. En 2004 publicaron *All That We Let In*, su mejor disco en años y su último trabajo para la mayor. En él continuaban explorando las armonías vocales compuestas para dos guitarras y dos voces.

Tras firmar un contrato por tres discos con Hollywood Records y publicar únicamente uno de ellos en 2006, *Despite Our Differences*, crearon su propio sello IG Recordings. Tres años después salía a la luz *Poseidon and the Bitter Bug*. En 2015 y tras varios años de parón, publicaron su último trabajo hasta la fecha, *One Lost Day*.

J

Wanda Jackson

La reina del rockabilly

20 de octubre de 1937
Maud, Oklahoma

Los años cincuenta no eran precisamente una época propicia para que una mujer se subiera a un escenario y menos aún para cantar rockabilly, pero eso a Wanda Jackson no le paró los pies. Aunque empezó su carrera como cantante de country, pronto cambió de dirección hacia el género que la haría famosa. Y lo hizo a instancias de su amigo y compañero de giras por aquel entonces, Elvis Presley. Cuando el rey del rock and roll entró en su vida, nació la reina del rockabilly. Su característica voz la guió por un camino en el que se codeó con los grandes del género. Ella fue la primera verdadera estrella femenina del rock and roll.

El padre de Wanda Jackson era cantante de country y, aunque la Depresión le hizo abandonar aquel estilo de vida, enseñó a su hija a cantar y tocar. Él le regaló su primera guitarra a los siete años. Era su mejor apoyo y más tarde la acompañaría en sus giras. Artista precoz, siendo una niña ya tenía su propio programa de radio que ganó gracias a un concurso. El cantante de country Hank Thompson la descubrió allí. Ese fue su primer paso hacia la fama. Entre semana estudiaba en el instituto y los fines de semana cantaba con su grupo The Brazos Valley Boys. Aunque Thompson intentó que Capitol la fichara, fue Decca la que se llevó el gato al agua. En 1954 grababa el dueto "You Can't Have My Love" con el cantante de la banda de Thompson, Billy Gray. Fue todo un éxito en las listas country.

Tanto su padre como Elvis Presley la animaron para que cambiara de dirección musical. Ella tenía la voz que el rock and roll estaba pidiendo a gritos. Les hizo caso a ambos. Con 18 años firmó por fin con Capitol Records. Combinando tanto country como rockabilly, facturó éxitos como "Rock Your Baby" o "Mean Mean Man". Pero fue con "Let's Have a Party", una canción que ya había cantado Elvis, con la que alcanzó el verdadero estrellato. Mujer incon-

formista y segura, a pesar de aceptar buenos consejos, siempre tuvo claro lo que quería hacer. La música le guiaba. En aquellos años de fuerte segregación, su banda de apoyo, Bobby Poe and the Poe Cats, era una banda integrada con un miembro de color, el pianista Big Al Downing.

Eran días difíciles en los que una mujer como ella rompía esquemas y más en el conservador mundo del country. Las mujeres normalmente se quedaban en casa cuidando de su familia. En cambio, Wanda se subía a los escenarios con la misma soltura que sus compañeros masculinos y además dando una imagen atractiva y sexy al country, un género encorsetado lleno de trajes de vaquero y sombreros de ala ancha. Pero por encima de todo ello estaban su voz, cruda y directa, y su actitud desinhibida encima del escenario. Eso fue lo que realmente la puso en las páginas de la historia del rock and roll como una de sus grandes pioneras.

En 1961 se casó con un programador de IBM y le dio la vuelta a otro cliché, el de la mujer que lo deja todo para hacerse ama de casa y esposa.

Fue él quien dejó su trabajo para apoyar a su mujer en su carrera. Aunque con el paso de los años se fue decantando más por el country, los temas que grabó en los cincuenta y los sesenta tienen un indudable peso en la historia del rock and roll. En 1971 se convirtió junto a su marido al cristianismo y empezó una etapa de discos gospel y country que dejó de lado su vertiente más rockera y supuso un cambio de vida radical.

Aún así, nunca abandonó el rock and roll del todo y en las últimas décadas se ha acercado al género que le dio la fama con algún disco. En 1995 Rosie Flores la invitó a participar en su álbum, *Rockabilly Filly*. También giró con ella por los EEUU y participó en varios trabajos con los salvajes The Cramps o el crooner Elvis Costello. Era su vuelta al rockabilly, a la carretera y los clubs nocturnos, algo que ya no formaba parte de su vida. En 2011 grabó *The Party Ain't Over* producido por Jack White y en 2012 sacó su disco número 31, *Unfinished Business* producido por Justin Townes Earle. Un título muy apropiado para una mujer que aún sigue dando guerra en la música.

Etta James

La fiera rebelde

25 de enero de 1938 - 20 de enero de 2012
Los Ángeles - Riverside

Seis décadas de carrera, se dice pronto. No muchas artistas han conseguido mantenerse en la brecha durante tanto tiempo, pero Etta James fue una de esas cantantes consagradas que sobrevivieron a su propia leyenda. Lo hizo como pudo: arrastrando problemas con la heroína, relaciones tortuosas, fracasos, pero sobre todo, poseyendo una voz única e irrepetible.

Etta James era una mujer de armas tomar, que no dudaba en mostrarse sensual y carnosa y de dar a sus canciones vida cuando las cantaba. Una fiera que luchó durante toda su vida por ser reconocida. Jamesetta Hawkins ya cantaba en el coro de su iglesia cuando tenía 5 años. Su vida podría haber sido distinta pero el rock and roll y el R&B llamaron a su puerta a temprana edad.

A los 12 años formó su primer grupo, un trío con las hermanas Abbye y Jean Mitchell. De ella fue la idea de dar respuesta vocal a la fogosa canción

de Hank Ballard "Work With Me Annie", un éxito por aquel entonces. Así nació la sensual y explosiva "Roll With Me Henry". Una canción que consiguió llamar la atención de Johnny Otis. Con él empezó su ascenso a la gloria. Primero convirtió a Jamessetta en Etta James y a sus dos compañeras en The Peaches. El tema cambió de nombre al más puritano "The Wallflower" cuando lo grabaron y alcanzó los primeros puestos de las listas en 1955. Un simple cambio de nombre no pudo ocultar como subía la temperatura mientras la potente voz de Etta cantaba a ritmo de rock and roll. Su voz rasgada, su melena dorada y el sentimiento que ponía en sus canciones serían marca indeleble de su presencia escénica. Poco después lanzaron también otro clásico, "Good Rockin' Daddy". Así se aseguraron un puesto preeminente en la historia del rock and roll. El grupo se separó un tiempo después y James comenzó su carrera en solitario.

Etta James giró con la banda de Otis en el circuito de R&B, curtiéndose en los escenarios y grabando con Modern Records hasta 1958. Con Leonard Chess empezó una nueva etapa. La contrató para Chess Records en 1960 convirtiéndola en una de las cantantes de soul y baladas pop más famosas de todos los tiempos. Los sesenta fueron los años del soul, de la explosión de Chess, de éxitos como "Tell Mama" y "I'd Rather Go Blind" y de sus grabaciones en los famosos Muscle Shoals Studios. Pero el declive de la discográfica abocó a Etta James a una etapa oscura en la que su lucha contra la adicción a la heroína le pasó factura. Pasó por numerosos centros de rehabilitación y vivió una vida sórdida y perdida. Parecía que su carrera como cantante estaba acabada.

Sin embargo, en los ochenta Etta James logró regresar de entre los muertos. Recuperada de sus adicciones y con la misma fuerza arrolladora en su interior, consiguió varios Grammys, reconocimiento público y entró en el Rock and Roll Hall of Fame. Todo eso no le ahorró tener que ver a Beyoncé cantar ante Obama su tema "At Last" mientras ella simplemente miraba. Era su canción. No entendió por qué no la cantó ella misma. Ya había tenido que soportar que la interpretara en un biopic sobre Chess que no le hacía justicia. Una mujer rebelde como ella, no podía soportar una afrenta así.

Una mujer que había superado lo peor, que había regresado de entre los desechos y se había vuelto a convertir en leyenda, se merecía más respeto. Aún así, ella siguió haciendo lo que mejor sabía hacer, cantar y grabar hasta sus últimos días.

Joan Jett

La reina del rock más clásico

22 de septiembre de 1958
Philadelphia, Pennsylvania

Rock and roll directo a la yugular, eso es lo que hace Joan Jett, sin artificios, sin florituras, simple y llanamente, rock clásico. Con este acercamiento a la música, la cantante y guitarrista se ha convertido en una de las figuras femeninas más preeminentes del género. Con una larga carrera tras de si, Jett se ha erigido en modelo a seguir para posteriores generaciones de rockeras. Joan Jett dio un vuelco a su carrera cuando decidió tomar las riendas de la misma y desligarse de aquella imagen de grupo prefabricado que algunos tenían de The Runaways. Su música tiene garra, fiereza y actitud rockera 100%. Siempre fiel a sí misma, Joan Jett es sin duda uno de los grandes iconos del rock.

Joan Marie Larkin nació en Philadelphia pero se mudó con su familia a Los Ángeles cuando tenía 12 años. Aprendió a tocar la guitarra de manera autodidacta encerrada en su habitación y escuchando discos de T Rex, David Bowie o Suzi Quatro, de la que era una gran fan. Por eso no es de extrañar que con 15 años formara su primera banda. Pero Joan Jett no empezó a inscribir su nombre en la historia del rock hasta que el productor

Kim Fowley la descubrió y decidió crear The Runaways, el primer grupo de rock de mujeres. Algunos dicen que fue idea de la propia Jett, otros que fue de Fowley. No importa demasiado. Ella estaba allí y su actitud marcó el sonido del grupo. The Runaways sacaron tres discos y alcanzaron cierta fama aunque no vendieron demasiado en EEUU. Nadie pareció tomarse en serio a un grupo de chicas adolescentes tocando punk.

A pesar de las constantes críticas a The Runaways, por considerarlas un producto de Kim Fowley, Joan Jett supo pronto encontrar su propio camino. Tras la disolución de la banda en 1978, Jett produjo el disco de The Germs *GI* y viajó a Inglaterra donde grabó con Steve Jones y Paul Cook lo que sería el germen de su primer disco. Parecía difícil encontrar sello para una mujer que tocaba la guitarra pero su mánager, Kenny Laguna, no cejó en su empeño.

Joan Jett decidió dar un paso adelante, por eso, cuando no encontró discográfica en Estados Unidos para editar su primer trabajo creó su propio sello, Blackheart Records. *Joan Jett* era un disco mucho más rockero que sus trabajos con The Runaways. El álbum alcanzó suficiente notoriedad aunque era una publicación independiente y Boardwalk Records le ofreció un contrato. Relanzaron su debut como *Bad Reputation* ese mismo año.

Entre *Bad Reputation* y su siguiente disco, Joan Jett formó The Blackhearts, su banda de acompañamiento. Con ellos grabó su mayor éxito *I Love Rock-n-Roll* publicado en 1981. Originariamente, el tema que dio título a su segundo disco fue una cara B de la banda Arrows pero en manos de Joan Jett se convirtió en un clásico del rock que la disparó a los primeros puestos de las listas. Le siguieron otros éxitos como "Crimson and Clover" de Tommy James & The Shondells y "Do You Wanna Touch Me (Oh Yeah)" de Gary Glitter.

En 1987 Jett empezó su carrera cinematográfica participando en *Rock Star* de Paul Schrader y consiguió colocar una canción de la banda sonora en los primeros puestos de las listas. Aunque Jett ha seguido publicando diversos discos, no ha cosechado tantos éxitos como con sus primeros trabajos. Eso si, sus potentes directos siguen siendo arrolladores. Toda una generación de riot grrrls siguieron su camino y en los noventa bandas como Bikini Kill o L7 la citaban como una de sus grandes influencias. Fue precisamente en esos años en los que su carrera tuvo un resurgir importante con el disco *Pure and Simple*. También publicaba el directo *Evilstig* con los miembros de The Gits, una banda de punk rock de Seatle de la que era fan. La cantante Mia Zapata había sido violada y asesinada. Un caso en el que Jett se implicó personalmente y que no fue resuelto hasta una década después. En 2013, Joan Jett publicó *Unvarnished*, un trabajo con garra en el que volvía a sus raíces más rockeras. Porque si hay algo que ha caracterizado a Joan Jett durante todos estos años ha sido el mantenerse fiel a sí misma, al rock y la música.

Rickie Lee Jones

La rebelde heroína de culto

8 de noviembre de 1954
Chicago, Illinois

Esa insoportable manía de ligar los éxitos de una mujer a sus parejas sentimentales ha marcado la historia de muchas cantantes. Aún se sigue mencionando que Rickie Lee Jones fue pareja de un joven Tom Waits o que su primer éxito fue gracias a una canción que le dedicó a Chuck E. Weiss. Pero lo cierto es que esta mujer inclasificable e irreverente nunca ha querido que la encasillaran en ningún sentido. Sus trabajos así lo demuestran pero también su actitud ante la vida. Bohemia, personal y única, ha vivido el lado salvaje si, pero dejando constancia en sus composiciones, relatos reales que se hacen carne y hueso cuando los canta. Aunque muchos la consideraron heredera de Joni Mitchell, Rickie Lee Jones supo encontrar su propio sonido.

Rickie Lee Jones se marchó de casa siendo adolescente para huir de la difícil relación de sus padres. Se estableció en Los Ángeles a mediados de los setenta, donde sobrevivió trabajando de camarera y cantando ocasionalmente en varios clubs. Su primer éxito no fue como cantante sino como compositora. Lowell George, ex miembro de Little Feat, incluyó su tema "Easy Money" en su disco en solitario *Thanks I'll Eat It Here*. Gracias a ello, el ejecutivo de Warner Bros Lenny Waronker se fijó en ella. Un año después publicó su álbum homónimo y su primer single "Chuck E's in Love", un tema bañado de folk, jazz y R&B que se convirtió en su carta de presentación. *Rickie Lee Jones* era un disco que mostraba una madurez poco habitual y una espontaneidad inaudita en sus composiciones. Tenía el talento para hacer canciones reales y crudas como la vida misma.

En 1981 publicó su segundo disco, el excelente *Pirates*. Un trabajo más experimental donde las canciones y las letras profundizaban en la evolución

que estaba viviendo como compositora. A lo largo de su carrera Rickie Lee Jones se ha caracterizado por probar diferentes estilos y siempre conseguir llevarlos a su terreno personal. En el EP *Girl at Her Volcano*, se acercaba a los clásicos del jazz. En el desafortunado *The Magazine*, junto al compositor James Newton Howard, introducía los sintetizadores en sus composiciones. Poco después se trasladó a vivir a París y estuvo cinco años alejada de los estudios. En 1989 reapareció con *Flying Cowboys*, un disco producido por Walter Becker de Steely Dan y que grabó ayudada del trío Blue Nile. Y en 1991 Don Was produjo *Pop Pop* un disco que recopilaba sus canciones favoritas de la infancia, desde Hendrix a Jefferson Airplane, pasando por clásicos del jazz o los musicales y que contaba con genios del jazz como Charlie Haden y Joe Henderson. Durante los noventas combinó los trabajos propios con otros de versiones y se introdujo en terrenos más experimentales publicando discos cercanos incluso al trip-hop .

En 2003 editó *The Evening of My Best Day*, un disco crítico con el gobierno americano que contenía sus letras más políticas y reivindicativas. Tras publicar la antología *Duchess of Coolsville*, en 2007 llegó otra de las grandes joyas de su catálogo, *The Sermon on Exposition Boulevard.* Un trabajo más contemplativo. Durante la última década Rickie Lee Jones ha seguido publicando discos con regularidad. Su último trabajo, de 2015, es *The Other Side of Desire*. Un disco del que tomó las riendas por completo y que publicó con la ayuda de una campaña de crowdfuding en su propio sello The Other Side of Desire Music.

Janis Joplin

Little Girl Blues

19 de enero de 1943 - 4 de octubre de 1970
Port Arthur, Texas - Hollywood, California

Pocas cantantes han sabido imprimir tanto sentimiento como el que Janis Joplin destilaba en cada una de sus interpretaciones. Ella fue sin duda la gran cantante de rock de los sesenta. Única e irrepetible. Su voz intensa, su gran don, consiguió juntar el blues y el soul con el rock y la psicodelia, primero junto a Big Brother & The Holding Company y después, en su breve pero intensa carrera en solitario. Sus actuaciones en directo se recuerdan como las más intensas de la época. Su "Ball and Chain" en el Monterey Pop Festival es tan subyugante que deja sin palabras, quizás su mejor actuación. Janis Joplin vivía por y para el escenario, sentía las canciones mientras las cantaba. Fuera de él estaba la tristeza, la infelicidad y esa sensación de que la vida nunca era suficiente. Con su presencia escénica, su atrayente y enérgica personalidad, su abierta sexualidad y su impresionante voz, Janis Joplin transformó por completo el papel de las mujeres en el rock. Nunca antes una mujer se había expresado tan abiertamente, de una manera tan sentida y con un abandono tal como ella lo hizo.

Janis Joplin nació en un pequeño pueblo de Texas, Port Arthur. Un lugar en el que nunca encajó. Era una comunidad extremadamente conservadora que siempre la vio como un bicho raro. En el blues y el soul de Leadbelly, Bessie Smith o Etta James encontró el refugio perfecto para escapar de su asfixiante entorno. Intentaba ser una más de los chicos, comportándose de una forma poco adecuada para una señorita, según la constreñida sociedad tejana. No es de extrañar que siempre quisiera huir y que ese rechazo que vivió desde sus primeros años como adolescente le persiguiera durante toda la vida. Aún así, Janis seguía buscando su propio camino y su propia voz. Tocaba folk blues en el circuito de coffeehouses de Texas, aunque evidentemente, aquello pronto se le quedó pequeño y decidió trasladarse a San Francisco en 1966. Fue la mejor decisión que tomó en su vida. En San Francisco encontró lo que siempre había buscado. Nacía una nueva Janis.

En el ambiente de una ciudad tan liberal como San Francisco, Janis Joplin encontró la libertad que necesitaba para explotar su talento. Aunque

también encontraría las drogas y los desengaños amorosos. Pero en lo que a lo musical se refiere, Janis halló a su banda en Big Brother & The Holding Company. Desde el momento que los vio supo que eso era lo que ella había querido hacer toda su vida. Junto a los guitarristas James Gurley y Sam Andrew, el bajista Peter Albin y el batería David Getz, Janis Joplin se convertiría en una verdadera estrella del rock. Su voz curtida por el blues y el soul se mezclaría a la perfección con el rock y la psicodelia. Aunque el grupo tenía éxito, no hay duda de que la entrada de Janis cambió por completo su dinámica, lanzando a la formación al estrellato. Albert Grossman se convirtió en su mánager y firmaron por Columbia. El segundo disco de la banda y primero con Janis, *Cheap Thrills* se publicó en 1968. Estaba lleno de psicodelia cantada por la cruda voz de la cantante que lograba emocionar en canciones como "Ball and Chain", "Summertime" o "Piece of My Heart". Fue todo un éxito que no sirvió para que la banda se mantuviese unida. Janis emprendió su carrera en solitario poco después, llevándose con ella al guitarrista Sam Andrew.

Mientras, su vida se veía plagada de altos y bajos, problemas de adicción, alcoholismo, relaciones sentimentales desastrosas y una eterna infelicidad que exorcizaba a través de sus emotivas interpretaciones. *I Got Dem Ol' Kozmic Blues Again Mama!* fue su primer disco en solitario y aunque la Kozmic Blues Band que la acompañaba era una banda solvente, no supo capturar la esencia de Janis. Poco después encontró en la Full Tilt Boogie Band su formación ideal. Tras girar con ellos por Europa, el grupo hizo piña y Janis Joplin se erigió no solamente en la cantante sino en la líder de la formación. Por fin Janis tomaba las riendas de su carrera. *Pearl* fue el resultado. Uno de los discos fundamentales de la historia del rock. El productor Paul Rothchild consiguió explotar toda la paleta tonal de la voz de Janis y llevarla más allá de donde incluso ella pensaba que podía llegar. Juntos hicieron un disco maduro, versátil y sentido lleno de blues, soul y folk rock. Canciones como "Mercedes Benz", "Cry Baby" o la impresionante versión del tema de Kris Kristofferson "Me and Bobby McGee" se han convertido en verdaderos himnos del rock gracias a su personal interpretación.

Pearl iba a ser el disco que marcaría un antes y un después en la carrera de Janis Joplin. Lamentablemente, ella no vivió para verlo. Murió a causa de una sobredosis de heroína antes de ver publicada su obra maestra. Atrás dejó un disco impresionante y una voz prodigiosa que lograba que la música cobrase vida propia cuando ella la cantaba. Janis Joplin siempre intentó ser "uno de los chicos", siempre luchó contra los estereotipos que impedían que una mujer pudiera expresarse libremente o ser sexualmente abierta, como muchos de sus compañeros masculinos hacían, algo que le pasaría factura. La conservadora sociedad de la época se cebó en ella, por haberse atrevido a ser diferente. Ella buscó refugio en las drogas y el alcohol. Aún así, logró dejar un legado musical indudable. Hoy en día, nadie puede negar la influencia que Janis Joplin ha tenido en la historia del rock y en todas las mujeres que un día decidieron que el rock era su vida.

K

Carole King

La gran compositora

9 de febrero de 1942
Brooklyn, New York

Antes de que Tapestry convirtiera a Carole King en estrella, ella ya se había granjeado un lugar preeminente en la historia de la música gracias a su talento como compositora. Son tantas las voces que han cantado sus canciones desde The Shirelles, Aretha Franklin, The Beatles o The Byrds entre otros, que sería difícil cuantificar su inmensa contribución a la música. Tanto en solitario como junto a su entonces marido Gerry Goffin, Carole King se convirtió en una de las grandes compositoras de la historia. Desde su inicios más cercanos al pop, las composiciones de King fueron evolucionando y madurando hasta convertirla en la leyenda que es hoy en día.

Carole Klein nació en Brooklyn y con cuatro años empezó a tocar el piano. En el instituto formó su primer cuarteto vocal, los Co-Sines. Fue durante sus estudios en el Queen College en 1958 cuando conoció al que sería su marido y futura pareja creativa, Gerry Goffin. Don Kishner los contrató para escribir canciones en su famoso Brill Building. King componía la música sobre el piano mientras Goffin escribía las letras. Su éxito fue inmediato, sus canciones empezaron a sonar en gran parte de las voces de los sesenta. Su versatilidad compositiva les permitía escribir canciones para artistas de R&B o para los grupos ingleses del momento con una facilidad apabullante. También empezaron a producir y arreglar sus propios temas. Su primer hit fue en 1961 con el tema "Will You Love Me Tomorrow" popularizado por The Shirelles.

Durante su matrimonio Goffin y King consiguieron más de 100 éxitos en las listas. Mientras, Carole King intentaba sin éxito emprender carrera en solitario. Tras divorciarse en 1967, se mudó a la Los Ángeles donde fundó el grupo The City, un trío junto a Charles Larkey (su segundo marido) y Danny Kortchmar. Publicaron un disco *Now That Everthing's Been Said*, pero el miedo escénico de la propia King hizo que no pudieran girar. El disco fue un fracaso a pesar de que contenía temas que posteriormente popularizarían The Byrds o James Taylor. Fue precisamente Taylor, gran amigo de King, quién le animaría a emprender su carrera como solista. En 1970 publicó *Writer*, su primer disco en solitario que no tuvo demasiado éxito. En 1971 llegaba la maestría de *Tapestry*, un trabajo reflexivo y maduro que marcaría un antes y un después para el género del cantautor. Canciones como "So Far Away", "It's Too Late" y "I Feel the Earth Move" se han convertido en himnos de la voz de una mujer fuerte y segura de su talento. En el disco también figuraban canciones que había compuesto para otros como "You've Got a Friend", "(You Make Me Feel Like) A Natural Woman" o "Will You Love Me Tomorrow". *Tapestry* vendió más de 15 millones de copias y ganó cuatro Grammy.

Sus discos le proporcionaron contantes éxitos durante los setenta. Años después se volvió a reunir con su ex marido Gerry Goffin para publicar *Thoroughbred*. A finales de los ochenta, King se retiró a su granja en Idaho, dedicando su tiempo a la lucha por la defensa del medio ambiente. En 2010 publicó un disco en directo junto a su amigo James Taylor, *Live at the Trobadour*. Y aunque ha aparecido y reaparecido publicando algunos trabajos más, prefiere disfrutar de la vida sencilla en su granja alejada de los escenarios, nunca le gustaron demasiado. A pesar de ello, está claro que sin Carole King y sus composiciones la historia de la música no sería la misma.

Alison Krauss

Renovadora del bluegrass

23 de julio de 1971
Decatur, Illinois

La música de Alison Krauss hizo que el bluegrass llegará a un público mucho más amplio. Todo un logro conseguir sacarlo de su reducido círculo

donde parecía estar criando polvo. América redescubría uno de sus géneros más característicos. Niña prodigio, cantante y violinista, Krauss fue capaz de darle una frescura al género que abrió sus puertas a toda una nueva generación de músicos.

Alison Krauss empezó a tocar el violín con cinco años, aunque pronto se cansó del encorsetamiento que la música clásica suponía y prefirió pasarse al country y el bluegrass. Con ocho años empezó a competir en concursos de talentos, formó su propia banda con 10 y a los 12 ya ganaba prestigiosos premios de bluegrass. En 1985 apareció en el disco *Different Strokes*, tocando el violín. Fue su primera grabación. Con 14 años firmó su primer contrato discográfico y dos años más tarde debutó con Too Late to Cry, un disco grabado con su banda Union Station.

En 1989, Krauss y Union Station publicaron *Two Highways* con el que obtuvo su primera nominación al Grammy, al año siguiente lo ganó por *I've Got That Old Feeling*. El bluegrass estaba viviendo un nuevo renacer con sus discos. Un soplo de aire fresco que sorprendió a todos, incluso a la propia banda. En 1992 llegó *Every Time You Say Goodbye* y dos años después *I Know Who Holds Tomorrow*. En 1995 el éxito de sus dos últimos discos se veía multiplicado con la aparición de su recopilatorio *Now That I've Found You: A Collection*. El disco que la convirtió en una verdadera estrella y no sólo en el mundo del bluegrass.

Otro de los puntos álgidos de su carrera fue la participación en la banda sonora de la película *O Brother, Where Art Thou?* de los hermanos Coen. Un disco que volvió a poner de nuevo en boga los sonidos más añejos de la música americana, una verdadera sorpresa musical que parecía descubrir al gran público uno de sus grandes tesoros ocultos. En 2002 algunos artistas de los que participaron en la banda sonora hicieron una gira conjunta, algo que ayudo a que la popularidad de Alison Krauss y Union Station subiera como la espuma.

Su siguiente trabajo tras la gira fue *New Favorite*, que en cuatro meses ya era disco de oro, sobrepasando todas las expectativas de la banda. Krauss cruzó su camino con Robert Plant en un homenaje a Leadbelly del Rock

And Roll Hall of Fame. Aquel día Plant le prometió que algún día grabarían juntos. Ese día llegó en 2007 con el excelente *Raising Sand*. En 2011 Alison Krauss publicó su último disco junto a Union Station, *Paper Airplane*.

Dayna Kurtz

El secreto oculto del rock

28 de agosto de 1965
Nueva Jersey, Nueva Jersey

Hay cantantes, que por razones misteriosas no alcanzan la fama que merecen, ese el caso de Dayna Kurtz. Sus canciones son atemporales, retratos de una gran compositora que ha sabido aunar en su música rock, blues, folk y jazz. Además es una de las mejores voces actuales, su mejor instrumento de amplio registro, oscura y profunda. En sus últimos discos se ha dedicado a rescatar las joyas que la música de raíz americana nos ha brindado. Dayna Kurtz se ha caracterizado desde siempre por seguir su propio camino y si no había camino, crearlo ella misma. En su extenso catálogo encontramos tanto composiciones propias como versiones del folk, jazz, blues o rock and roll.

Dayna Kurtz era una adolescente cuando empezó a componer y actuar. Su primer disco fue un trabajo en directo *Otherwise Luscious Life* publicado en 2000. Pero fue su primer trabajo de estudio *Postcards from Downtown* de 2002 el que la puso en órbita. Un álbum perfecto que contó con Richie Havens como invitado en la canción "Somebody Leave A Light On" y que sirvió para demostrar su talento compositivo. Publicado en su propio sello Kismet Records, Dayna Kurtz demostraba que el hazlo tú mismo es igualmente de efectivo.

Beautiful Yesterday llegó dos años después y contó con la colaboración de Norah Jones. *Another Black Feather* de 2006 fue otro disco redondo lleno de poesía pura. Todos estos trabajos fueron aclamados en Europa, pero pasaron casi desapercibidos en su tierra natal. Otra de esas injusticias de la música.

En 2012, Kurtz se lanzó a una empresa difícil, la de publicar discos que recuperaran el amplio legado musical americano, ese menos conocido pero que sirvió para crear la base de la música que escuchamos hoy en día. *American Standard* se hundía en las raíces del rock. *Secret Canon Vol. 1*, hacía lo propio con el R&B y el blues de los años treinta. *Secret Canon Vol. 2* llegó en 2013 continuando lo que emprendió en su anterior volumen con canciones de los años cuarenta y cincuenta. Su último trabajo *Rise and Fall* vuelve a ser un disco más autobiográfico, con temas propios y confesionales que demuestran de nuevo el talento de esta compositora que no ha tenido el éxito que se merece.

L

L7

La rabia desgarrada

1985
Los Ángeles, California

Aunque por su sonido y su actitud se las etiquetó como una banda de grunge, lo cierto es que L7 provenían de Los Ángeles no de Seattle y su música tenía mucho más de punk. Una cuestión de temporalidad las metió en

el saco de la oleada venida de Seattle pero su sonido era único y diferenciado. Ha habido pocos grupos formados por mujeres, e incluso por hombres, que hayan sabido representar la rabia y la crudeza en su sonido como hicieron L7 en sus discos y sus actuaciones en directo. Su actitud tenía garra y potencia desmesuradas, sus letras eran agresivas, directas y descarnadas. L7 encarnó con sus canciones un grito de rabia que muchas mujeres sentían y lo hicieron a golpe de riffs poderosos de guitarra y escribiendo además desde una perspectiva femenina. Sus letras comprometidas y su agresividad sonora han dejado huella en la música.

L7 nacieron en Los Ángeles en 1985 cuando Donita Sparks y Suzi Gardner se conocieron. Sparks era originaria de Chicago pero se mudó a la ciudad costera después de acabar el instituto. Tras tocar la guitarra durante varios años en bandas locales conoció a Gardner, otra guitarrista que quería formar un grupo de rock. Aquel día ambas compositoras encontraron a su alma gemela musical. Jennifer Finch se unió a la banda como bajista. Después de varios cambios, Dee Plakas se convirtió en su batería definitiva. Lo cierto es que nunca pretendieron formar una banda de mujeres, simplemente querían tocar. Su sonido fue evolucionando del punk más agresivo al hard rock con potentes riffs de guitarras, sin abandonar esa rabia que siempre lo caracterizó.

En 1988 ficharon por Epitaph y editaron su visceral álbum homónimo. Un disco que les llevó de gira durante los siguientes años. En 1991 salió a la luz *Smell The Magic* bajo el sello Sub Pop, un trabajo que ya demostraba su potencial. Ese mismo año la banda formaba Rock for Choice, una organización que luchaba por el derecho a decidir sobre el aborto y las clínicas de salud especializadas para mujeres. Siempre comprometidas en su música y en su vida. El 21 de octubre de 1991 organizaron el primer concierto para recaudar fondos para la organización, en el cartel figuraban Nirvana, Hole y Sister Double Happiness. Le siguieron muchos más conciertos junto a Pearl Jam o Neil Young, entre muchos otros.

La banda finalmente consiguió un contrato con la major Slash, eran los tiempos del grunge y la gigantesca ola que inició Nirvana las benefició.

Bricks Are Heavy llegó en 1992. Producido por Butch Vig, artífice también del *Nevermind* de Nirvana, era un trabajo más pulido pero igualmente agresivo. Con verdaderos himnos como "Shitlist" o "Wargasm", en la que Donita Sparks consiguió que Yoko Ono les prestará uno de sus característicos alaridos. La canción se inspiró en el *Some Time in New York City* de la pareja Lennon/Ono. Su single "Pretend We're Dead" se convirtió en un hit. *Bricks Are Heavy* era un disco con letras rompedoras y plagadas de sentido del humor que no dejaban de lado la denuncia sobre temas como el consumismo o la guerra. Fue su mejor trabajo, lleno de grandes canciones y que consiguió un sonido más compacto. Tuvo un éxito meteórico.

En 1994 publicaron *Hungry for Stink* aunque con él no consiguieron llegar a una audiencia masiva. Ese mismo año participaron en el Lollapalooza y salieron en *Los Asesinatos de Mamá*, la película de John Waters. Finch dejó la banda poco después. En 1997 publicaron *The Beauty Process: Triple Platinum* un trabajo con un sonido más rockero y menos punk. Su último disco, *Slap-Happy* vio la luz en 1999 ya en su propio sello Wax Tadpole, tras su salida de Slash. En 2001 la banda anunció un parón indefinido y sus miembros emprendieron caminos separados. Con Donita Sparks con su banda Donita Sparks and The Stellar Moments y Jennifer Finch en Shocker, parecía improbable una reunión pero en 2014 la banda con sus miembros originales se volvió a juntar. Un año después actuaron como cabezas de cartel en el Azkena Rock Festival. Las mujeres más agresivas del rock volvían a la carga con la misma intensidad sonora de sus inicios.

Brenda Lee

Miss Dynamite

11 de diciembre de 1944
Lithonia, Georgia

A Brenda Lee se la recuerda más por ser un ídolo pop adolescente o por su posterior dedicación al country, pero sus primeros años estuvieron ligados al rock, sin duda alguna. En aquellos primeros años, su tierna edad y su madura forma de cantar logró conectar tanto con el público adolescente como con el más adulto. Ella fue una de las artistas pop más importantes de princi-

pios de los sesenta pero también supo mezclar géneros como el country o el rockabilly en sus canciones. Su a veces aniñada voz le dio un aspecto original a su música que la diferenciaba del resto de sus compañeras.

Brenda Mae Tarpley nació en Atlanta, Georgia y lo hizo con un talento innato para cantar. Con cinco años ganó su primero concurso y cantaba habitualmente en la radio local. Con siete años salía regularmente en programas de televisión. Fue una verdadera estrella infantil. Pronto empezó a actuar para ganar dinero y ayudar a su familia, su padre había fallecido en 1953 dejando a la familia en una situación desesperada. En 1956 firmó con Decca y publicó sus primeros éxitos, entre ellos una versión del "Jambalaya" de Hank Willilams. Sería el primero de muchos. Supo equilibrar sus hits entre el country, el pop y el rockabilly. Entre 1956 y 1976, Lee grabaría con el productor Owen Bradley en Nashville. Y aunque a partir de los setenta se decantó sobre todo por el country, siempre dijo que ella hacía la misma música, que lo que había cambiado era el mundo que la rodeaba, el negocio o las modas.

Canciones como "Dynamite", "Little Jonah" o "Rock the Bop" dejan clara su querencia en sus inicios por el ritmo endemoniado del rock. "Sweet Nothin's" llegaba al número 4 de las listas. Todo un clásico del rock. No es hasta principios de los sesenta que el pop y las baladas entran en su repertorio fijo gracias a éxitos como "I'm Sorry", su primer número uno que además vendió millones de copias. Una canción que trataba temas quizás demasiado adultos para una chica de 15 años. Ese era uno de sus grandes talentos, a pesar de ser aún una adolescente, su voz precoz y rasgada proporcionaba a sus interpretaciones una intensidad emocional más madura que la de su edad. En aquellos años, compartía escenario con Elvis, los Beatles eran sus teloneros y a ella y Gene Vincent los llamaban el rey y la reina del rock and roll cuando giraban por Europa.

Cuando la British Invasion llegó a los EEUU, la arrastró como a muchos otros. Por eso, encontró refugió en el country. Volvió a grabar con Owen

Bradley y empezó una carrera que le brindaría grandes éxitos durante los setenta y los ochenta siempre rodeada de melodías country. Aunque Brenda Lee siguió cantando y grabando ya nunca recuperó el pulso rabioso de aquella niña de voz cruda que fascinó a todos.

Annie Lennox

La diva andrógina

25 de diciembre de 1954
Aberdeen, Escocia

La figura esbelta y andrógina de Annie Lennox se ha quedado grabada en nuestro imaginario, su presencia escénica rompió clichés y abrió puertas a una expresión de la música hecha por mujeres no sujeta a su femineidad. Para ello Lennox jugó siempre al equívoco con su imagen ni femenina ni masculina, quería que la atención acabará recayendo sobre la música y no

sobre la mujer que cantaba. Su unión con Dave Stewart, con el que formaría Eurythmics, le dio la fama mundial, estableciendo al dúo como uno de los grupos más importantes de los ochenta. Tras abandonar la electrónica que los hizo conocidos, se fueron acercando más al soul y el R&B, desvelando a la que algunos consideraron la gran voz blanca del soul. Cuando decidieron tomarse un descanso y empezar carreras en solitario, Lennox consiguió superar con creces el éxito que había conseguido con su grupo.

Annie Lennox aprendió a tocar la flauta y el piano siendo una niña, ya entonces pasaba horas escuchando discos de la Motown. En 1972 fue aceptada en la Royal Academy of Music de Londres y se mudó a la capital inglesa desde su Aberdeen natal. Tras tres años de estudio y a falta de pasar los exámenes finales, abandonó, no era lo que ella buscaba. Quería cantar, escribir sus propias canciones y vivir de ello, pero mientras lo conseguía tuvo que ganarse la vida como camarera. La noche era para cantar en los clubes nocturnos. Fue precisamente en uno de sus trabajos de camarera cuando conoció al guitarrista Dave Stewart. Justos formaron The Tourists junto a Peet Coombes. Entre 1979 y 1980 publicaron tres discos consiguiendo alcanzar las listas de éxitos con una versión del "I Only Want to Be with You" de Dusty Springfield. La banda se nutría del rock de los sesenta en su sonido, aunque la voz de Annie no había conseguido aún explotar todo su potencial.

En 1980 las tensiones dentro del grupo hicieron que Lennox y Stewart dejaran la formación y empezaran Eurythmics. Ambos alcanzaron notoria fama con su synth pop durante los ochenta con discos como su debut *Touch* o su continuación *Sweat Dreams (Are Made of This)*. Consiguieron alcanzar los primeros puestos de las listas con temas como el que daba título a su segundo disco, "Who's That Girl" o "Here Comes the Rain Again", entre otros. El sonido electrónico de sus primeros trabajos fue evolucionando hacia el rock and roll y el soul. Buena prueba de ello fue la rockera "Thorn In My Side". Se acercaron al soul en "Sisters Are Doing It for Themselves", el single que en 1985 la banda grabó junto a Aretha Franklin y que devolvió a la reina del soul a las listas de éxitos. En "There Must Be an Angel" Stevie Wonder les acompañaba a la armónica.

El último disco como Eurythmics fue *We Too Are One*, tras el que la banda se tomó un descanso que acabó en disolución cuando ambos empezaron sus carreras en solitario. El primer disco de Lennox, *Diva* se publicó en 1992 e incluyó éxitos como "Walking on Broken Glass" y "Why". Tres años después salía a la luz *Medusa*. Lennox tardó ocho años en publicar *Bare*, estaba ocupada criando de su hijo y dedicándose a causas sociales en las que empezó a comprometerse cada vez más. Volvería a unirse con Stewart en 1999 para su último disco como banda, *Peace*. Hasta 2007 no volvió a publicar con *Songs of Mass Destruction*. *Nostalgia*, su último trabajo data de 2014 y es un disco de versiones.

Courtney Love

La provocadora viuda del grunge

9 de julio de 1964
San Francisco, California

Amada y odiada a partes iguales, Courtney Love es una de las figuras del rock alternativo más controvertidas. Se la ha acusado prácticamente de todo, desde no escribir sus canciones a ser la responsable de la muerte de su mari-

do Kurt Cobain. Su actitud combativa y agresiva siempre ha ido un paso por delante de su música. Su comportamiento ha ido siempre en detrimento de su trabajo como cantante y compositora que muchas veces ha quedado en un segundo plano. Aunque se la menciona más por sus desvaríos que por su música, no hay que olvidar la importancia del *Live Through This* para el rock alternativo y el rock en femenino en particular.

Courtney Michelle Harrison nació en 1965 en San Francisco, aunque fue criada tras el divorcio de sus padres entre casas de familiares y padres adoptivos. Su madre vivía en una comuna rural libre de prejuicios de género. Mientras estaba con ella, a Courtney se le prohibía jugar con muñecas o llevar vestidos. Algo que se convirtió en tema central de sus canciones e incluso de su apariencia. Aunque vivía en un entorno progresivo, pronto empezó a mostrar signos de rebeldía y acabó en varios reformatorios por robo. Cuando era adolescente recibió un fideicomiso que le permitió vivir por su cuenta y viajar durante un tiempo a Irlanda, Inglaterra o Japón. Cuando el dinero se le acabó, recaló en Portland donde actuaba como stripper para sobrevivir. Allí formó junto a Kat Bjelland y Jennifer Finch el grupo Sugar Baby Doll, aunque duraron poco.

Ya en L.A. intentó emprender carrera como actriz sin mucho éxito. Después de poner un anunció en un periódico buscando miembros para su banda, Love formó Hole con Eric Erlandson a la guitarra, Jill Emery al bajo y Caroline Rue a la batería. *Pretty on the Inside* fue su primer disco. Publicado en 1991, fue producido por Kim Gordon y Don Fleming. Un trabajo crudo que recibió buenas críticas y que demostraba que detrás del personaje había un fondo sólido de buena música, letras desgarradas y rabia incontenida. A pesar de ello, Love dejaba la banda en suspenso en 1992 tras casarse con Kurt Cobain y quedarse embarazada.

La polémica rodeó a la pareja desde el principio. Acusaciones de consumo de heroína durante el embarazo hicieron que perdiesen la custodia de su hija durante unos meses. Love reagrupó a Hole y tras varios cambios en la formación Kristen Pfaff se convirtió en la nueva bajista y Patty Chemel en la batería. En 1993 grabaron *Live Through This*. Un disco sólido plagado del grito rabioso de una Love que supo captar a la perfección un imaginario femenino y feminista al mismo tiempo. En sus letras mostraba una mujer poderosa y superviviente frente a los duros golpes de la vida. Unas letras premonitorias. Poco después tendría que sufrir esos golpes en su propia piel. En abril de 1994 Kurt Cobain se suicidó y dos meses después Pfaff murió de sobredosis.

Los rumores de que *Live Through This* fue co-escrito en gran parte por Kobain lastraron al disco, aunque Love lo negó siempre rotundamente. Que su siguiente álbum tardara cuatro años en publicarse no ayudó demasiado. *Celebrity Skin* era un disco más luminoso que tuvo más éxito comercial que sus predecesores. Aunque poco después Love aparcó de nuevo la banda para dedicarse a su carrera como actriz. Con *El Escándalo de Larry Flynt* consiguió una nominación a los globos de oro. En 2004 publicó su único álbum en solitario hasta la fecha, *America's Sweetheart*. En 2010 Courtney reflotó a Hole para publicar *Nobody's Daughter*, un disco fallido que compuso junto a Billy Corgan y Linda Perry entre otros. Desafortunadamente, se sigue hablando más de sus problemas y su errático comportamiento que de su música.

Darlene Love

La voz detrás de las bambalinas

26 de julio de 1941
Los Ángeles, California

Una de las grandes voces de la música ha estado siempre oculta a la sombra de otras estrellas. Nunca se arrepintió de no ser la protagonista, pero la historia de la música le debe mucho. A pesar de tener una de las voces más impresionantes del rock, Darlene Love ha pasado la mayor parte de su carrera cantando como músico de sesión en estudio o haciendo coros para otros artistas. Su lugar en la historia del rock es indudable, a pesar de que muchos no sepan quien es, seguro que han escuchado su voz en incontables ocasiones.

En los sesenta Darlene Love fue una de las cantantes principales en muchos de los éxitos de Phil Spector aunque no figuraba su nombre en los créditos.

Por ejemplo, cantó en ese clásico del rock que es "He's a Rebel". Un tema acreditado a The Crystals pero que en realidad interpretaron The Blossoms con Love a la voz principal. También hizo los coros en muchos otros hits producidos por Spector para The Crystals, The Ronettes o los Righteous Brothers. Con Spector, Love aprendió a ser una gran cantante de estudio y junto a The Blossoms hizo coros a innumerables artistas desde los Beach Boys, Elvis Presley, Sam Cooke, Duane Eddy, The Mamas and the Papas o Sonny y Cher, por mencionar solo a algunos.

Darlene Wright es hija de un pastor Pentecostal, así que sus primeros pasos musicales fueron en el coro de su iglesia. Después de escucharla cantar allí, Fanita James le pidió que se uniera a The Blossoms. Era 1957 y pronto el grupo se convirtió en una de las formaciones de coristas más respetadas y demandadas de los sesenta. Después de grabar con numerosos sellos discográficos, Phil Spector las reclutó. Fue precisamente él quien le sugirió que cambiara su nombre por el de Darlene Love. Tenía una voz joven pero con una solvencia profesional que pocas cantantes poseían, eso fue lo que la hizo perfecta para las canciones de Spector y su manera de trabajar. Los éxitos se sucedían: "He's a Rebel", "He's Sure the Boy I Love", "Zip-A-Dee-Doo-Dah" o "(Today I Met) The Boy I'm Gonna Marry" como voz principal o como corista en "Da Doo Ron Ron" con The Crystals, "Be My Baby" de las Ronettes o "You've Lost That Lovin' Feelin" de los Righteous Brothers.

La carrera como solista de Darlene Love no tuvo el éxito esperado para una gran voz como la suya, quizás porque nunca tuvo demasiado tiempo. Trabajaba sin descanso para otros. Desde el año 1957 al año 1972, The Blossoms grabaron incansablemente para diferentes músicos pero también bajo su propio nombre.

Su carrera después se dividió entre las sesiones de estudio, giras como corista para grandes estrellas y el cine. En el año 2011 entró en el Rock and Roll Hall of Fame y de este modo se reconoció por fin su papel esencial en la historia del rock. Su último trabajo data del año 2015 y está producido por Steven Van Zandt, *Introducing Darlene Love*. Una excelente manera de descubrir a esta gran artista, si todavía no lo has hecho, cantando canciones de Elvis Costello, Bruce Springsteen, Linda Perry, Joan Jett y muchos otros.

Lydia Loveless

La irresistible voz del country-punk

4 de Septiembre de 1990
Coshocton, Ohio

Lydia Loveless ha sabido combinar a la perfección el sonido del country más clásico con una actitud totalmente punk rock. Su estilo compositivo es maduro para su edad. Su actitud, sus letras y la crudeza de sus interpretaciones sorprende. Explosiva y con un sonido fresco sumergido en las raíces de la música americana, Lydia Loveless es uno de los talentos con más futuro del rock.

Aunque se crió en una granja en su Ohio natal, su padre era un amante de la música que organizaba conciertos en un bar de la zona. Pronto, la joven Lydia se sumergió en el mundo de los conciertos y se acostumbró a tener músicos a su alrededor. Con 13 años ya componía sus propias canciones y tocaba en bandas locales. Su música ya empezaba a denotar esa querencia por fusionar el country más tradicional con el punk rock. Tras mudarse a Columbus, Loveless formó junto a sus hermanas la banda Carson Drew. Aunque el proyecto duró poco, apenas un disco, *Under The Table*.

Lydia Loveless siguió persiguiendo su sueño de dedicarse a la música y formó su propia banda con la que autoeditó su primer disco en 2010, *The*

Only Man. Su padre le acompañaba a la batería. Tenía tan sólo 15 años. Bloodshot Records le ofreció un contrato y el EP en el que estaba trabajando en aquellos días se convirtió en su segundo disco, *Indestructible Machine*. Publicado en 2011, Loveless y su banda empezaron a girar por medio mundo para presentarlo con sus directos explosivos. *Indestructible Machine* bebe de Hank III y de Shooter Jennings a partes iguales, crudo y salvaje para una chica de 21 años que sabe lo que quiere y sabe como cantarlo. Con unas canciones que demuestran un talento compositivo inusual, es su disco más intenso.

En 2013 llegó su EP *Boy Crazy*, antes de que en 2014 publicara su último trabajo hasta la fecha, *Somewhere Else*. Producido por la propia Loveless y Joe Viers, este disco representa su trabajo más redondo. Narra los sinsabores de las relaciones fallidas con dureza y sin miedo. Sólo tiene 24 años y es una de las voces más prometedoras, imaginad lo que nos deparará en el futuro.

Lene Lovich

La figura de la New Wave

30 de marzo de 1949
Detroit, Michigan

Ella fue una de las figuras más importantes de la New Wave en Inglaterra. Su música sorprendía por su originalidad y su extravagancia. Poco convencional, Lene Lovich bebió de sus experiencias y su vida fuera de lo común para escribir sus canciones. Fue toda una sensación de la Inglaterra de los ochenta gracias a su fuerte y explosiva personalidad.

Lili-Marlene Premilovich nació en Detroit, de padre yugoslavo y madre inglesa. Cuando Lene tenía 13 años, su madre decidió volverse a Inglaterra con sus hijos. Su padre amenazaba con llevárselas a vivir a la Unión Soviética, detrás del telón de acero. La vida en su casa no debió ser fácil así que la cantante se escapó del frío y norteño Hull a la céntrica y bulliciosa Londres. Allí tuvo innumerables trabajos para subsistir, desde go-go a cantante callejera. Estudió música en la Central School of Art y aprendió a tocar el saxofón. Su primer trabajo musical fue escribir canciones para la estrella disco francesa Cerrone.

En 1978 consiguió llevarle una maqueta suya a Dave Robinson de Stiff Records. Contenía su versión del tema de Tommy James and the Shondells "I Think We're Alone Now". Ese mismo año, la canción apareció como single de su primer disco para Stiff, *Stateless*. El álbum también incluía una de sus canciones más famosas "Lucky Number", todo un himno en Inglaterra. Un trabajo sorprendente e innovador, *Stateless* es un disco aventurado para una época como aquella que abrió muchas puertas a los grupos que se sumergieron en la nueva ola después.

En 1979 Lene Lovich publicó *Flex* y *No Man's Land* le siguió en 1982, siempre trabajando con su pareja sentimental y creativa, Les Chappel. En 1990 editó de forma independiente el álbum *March*. Después le siguieron 15 años de silencio musical. La New Wave había desaparecido y no parecía que su música consiguiese alcanzar al público como lo hizo antaño. No volvió a escena hasta 2005 con el disco *Shadows and Dust*. En 2013, creó su propio sello, Flex Music, consiguió el control de su catálogo y reeditó sus discos en una caja de edición limitada.

Lydia Lunch

El icono underground

2 de junio de 1959
Rochester, Nueva York

Lydia Lunch lleva desde los setenta rompiendo barreras y no solo dentro del punk. Empezó en el movimiento No Wave, pero se fue transformando en cantante, poeta, escritora y abanderada del spoken word. Fue una de las mujeres más influyentes de la escena punk más allá del punk gracias a su banda Teenage Jesus & the Jerks, pero también a su prolífica carrera en solitario que empezó en 1977. Nihilista, provocadora, independiente, irreverente, abiertamente sexual en sus letras y sus textos, Lydia Lunch se ha convertido

en un verdadero icono de la música underground. Una mujer sin miedo a decir lo que piensa.

Lydia Koch fundó con apenas 16 años Teenage Jesus & The Jerks junto al saxofonista James Chance en 1976. Una de las bandas fundamentales dentro de la No Wave, sus guitarras afiladas, su sonido crudo y los gritos desaforados de Lunch marcaron una época. En su momento aparecieron en la compilación seminal del No Wave *No New York* de Brian Eno. Aunque fueron una de las bandas centrales del movimiento, sino la más importante, nunca publicaron un disco. Sus conciertos duraban entre 10 y 15 minutos, estaban llenos de distorsión, gritos y cacofonías. Pocas grabaciones han llegado de su rompedora música pero su influencia es indudable. Sin ellos, probablemente el noise rock de los ochenta no existiría como tal.

Teenage Jesus & The Jerks tuvieron una corta vida pero Lydia Lunch supo encontrar su propia senda en solitario. Tras una cortísima experiencia con el grupo Beirut Slump, publicó *Queen of Siam* de 1980, su primer disco y quizás su mejor trabajo. Su voz psicótica y alocada escupe canciones desquiciadas en un álbum oscuro y fantasmal. Un trabajo rompedor que ha aguantado el paso del tiempo. Su segunda banda 8 Eyed Spy tampoco duró mucho, se separaron tras un disco por la muerte de su bajista.

En 1983 Lunch publicó *13.13*, su segundo trabajo en solitario. Fue entonces cuando empezó su prolífica carrera como colaboradora cantando con Birthday Party, Einstürzende Neubauten, Nick Cave, Die Haut, Swans o Sonic Youth, entre otros. Su forma de entender la música es la de la independencia, la de seguir tu propio camino y no dejarse manejar, por eso en

1985 creó su propio sello Widowspeak. Su primera publicación, el EP *The Uncensored Lydia Lunch* también fue el primero de su extensa carrera dentro del spoken word al que se dedicaría en cuerpo y alma durante los noventa.

Los primeros años del 2000 compaginó el spoken word con la música, con preeminencia del primero. Hasta 2004 no publicó un disco de la categoría de *Queen of Siam*. En *Smoke In The Shadow* colaboró Neils Cline de Wilco. Otro disco destacado de esos años es *Touch My Evil* de 2006. Lunch tampoco ha dejado de lado su vertiente literaria de la que destacan su primera publicación de 1987, *Adulterers Anonymous* coescrito junto a Exene Cervenka o *Paradoxia: A Predator's Diary* de 1997, en la que relata sus inicios en el mundo de la música plagados de sexo, drogas y lo más granado del underground de la ciudad neoyorquina.

En 2013 publicó el disco *Retrovirus* a parte de numerosas colaboraciones con músicos experimentales como Philippe Petit, Zahra Mani o Mia Zabelka. En 2014 vio la luz el disco *A Fistful of Desert Blues* junto al guitarrista Cypress Grove. Junto a él también grabó *Twin Horses*, un disco compartido con la banda Spiritual Front que data de 2015.

Loretta Lynn

La hija del minero sin pelos en la lengua

14 de abril de 1932
Butcher Hollow, Kentucky

El country es de por si uno de los géneros más conservadores. Abrirse camino como mujer en él era difícil y más cuando tus canciones trataban temas tan espinosos como la píldora, el adulterio o los problemas de alcoholismo. Sus canciones fueron prohibidas en las emisoras country pero aún así, Loretta Lynn consiguió fama, Grammys y el respecto de sus compañeros. Ella abrió el camino a muchas otras, con una actitud rock and roll, que muchas rockeras habrían querido. Fue un verdadero icono feminista. Era capaz de cantar temas tan crudos con gran sensibilidad y una dulce sonrisa en los labios.

Loretta Webb era la hija de un minero, de ahí el título de una de sus canciones más conocidas. De pequeña cantaba en el coro de su iglesia. Se casó con trece años con Oliver "Mooney" Lynn y dedicó los diez años siguientes a cuidar de sus hijos. Después empezó a cantar sus propias canciones en clubs locales, le acompañaba una banda liderada por su hermano. En 1960 consiguió un contrato con Zero Records y publicó su primer single "I'm a Honky Tonk Girl". Fue un éxito gracias a la insistencia del matrimonio, llevaron el single personalmente a todas las emisoras de radio que pudieron. A las que no podían ir enviaron una copia por correo. La campaña surtió efecto, el tema subió en las listas a los primeros puestos y los Wilburn Brothers la contrataron para ir de gira. Ellos también le recomendaron mudarse a Nashville. Allí firmó contrato con Decca y empezó a publicar singles de éxito. El primero fue "Success" en 1962.

La primera mitad de la década de los sesenta Lynn se ciñó al género honky tonk pero a mediados de la misma sus letras empezaron a madurar, a ser más ambiciosas. En 1966 su exitoso "You Ain't Woman Enough" iniciaba el camino hacia canciones escritas desde un punto de vista feminista, algo tremendamente inusual en el country, un género más bien conservador y dominado por hombres. Sus canciones eran cada vez más autobiográficas y reflejaban la realidad de muchas mujeres de la época. Trataba sin miedo temas tabú como el alcoholismo en "Don't Come Home a Drinkin' (With Lovin' on Your Mind)", el adulterio en "I Got Caught" o ya en 1974, en su polémica "The Pill", el control de natalidad. Un tema que le valdría el veto de las emisoras country.

En 1971 empezó a cantar a dúo con Conway Twitty, ambos se convertirían en uno de las parejas musicales más importantes del género. A mediados de los setenta publicó su biografía *Coal Miner's Daughter* que fue llevada al cine en 1980. Sissy Spacek dio vida a Loretta en la gran pantalla y por ello ganó un Oscar. Loretta Lynn traspasaba el género del country y se convertía así en estrella. A pesar de la fama que el film le proporcionó, no pudo mantenerse en lo más alto de las listas. En los ochenta y los noventa vio como las ventas de sus discos declinaban, grabó mucho menos pero no dejó de tocar en directo. Recuperó fuelle gracias al trío con Dolly Parton y Tammy Wynette en *Honky Tonk Angels* de 1993. Y en 2004 se alió con el prolífico genio del rock Jack White para publicar el magnífico *Van Lear Rose*, un álbum que recibió dos Grammys. *Full Circle* de 2016 es su retorno tras más de 12 años de silencio.

M

Aimee Mann

La musa independiente

8 de septiembre de 1960
Richmond, Virginia

Aunque Aimee Mann empezó su andadura como líder del grupo de New Wave 'Til Tuesday, hasta que no comenzó su carrera en solitario no demostró su verdadera valía como cantante y compositora. A veces los grandes creadores de canciones viven ocultos hasta que un golpe de suerte los propulsa al gran público. Ese es el caso de Aimee Mann. La banda sonora de Magnolia, con nominación al Oscar incluida, la dio a conocer al gran públi-

co. Aún así, Mann siempre ha sabido mantener su independencia musical, revelándose a través de sus canciones como la gran narradora que es.

Aimee Mann dejó el prestigioso Berklee College of Music para unirse a una banda de punk. Ya desde sus inicios demostró que quería ser independiente. En los ochenta formó 'Til Tuesday con los que sacó tres exitosos discos. Su primer trabajo *Voices Carry* tuvo gran repercusión gracias a la MTV. La banda que lideraba se movía entre la New Wave y la música alternativa. Cada vez escribía más temas del grupo así que su siguiente paso fue algo natural, en 1993 decidió continuar su carrera en solitario con la publicación del disco *Whatever*. Era un trabajo más cercano al folk rock que su anterior encarnación musical. No es que fuera un gran éxito pero significó las primera buenas críticas para la cantante como compositora.

En 1995 se disponía publicar su segundo disco cuando su discográfica, Imago, se declaró en bancarrota. Aunque firmó un contrato con Reprise, Imago no le permitió sacar el álbum. Fue entonces cuando emprendió su batalla legal por el control de su trabajo, que ganó finalmente. Publicó su segundo disco con Geffen, *I'm With Stupid* que aunque obtuvo buenas críticas no prepararía a Mann para el éxito sin precedentes de su siguiente trabajo. Amiga del director de cine Paul Thomas Anderson, en 2000 se encargó de la banda sonora de su aclamada película *Magnolia*. "Save Me" fue nominada al Oscar a mejor canción y Mann se vio lanzada al estrellato. Eran canciones redondas, cinemáticas que expresaban la acción con naturalidad. El director confesó que había modificado algunas escenas para adaptarlas a las canciones de Mann.

Su siguiente disco *Bachelor No. 2* fue editado a nivel nacional gracias al éxito de *Magnolia*. Originalmente lo había lanzado en su propio sello Superego y sólo se podía comprar en sus conciertos. Fue su disco más redondo. Compartió cuatro canciones con la banda sonora de la película. No es de sorprender que el tono del disco se viera influenciado por la misma, ya que se grabó al mismo tiempo.

Su siguiente trabajo salió en 2002, aunque *Lost in Space* era un disco menos arriesgado seguía mostrando sus dotes como compositora. *The Forgotten Arm*, fue algo totalmente diferente. Un álbum conceptual ambientado en los años setenta que contaba la historia de un ex combatiente de Vietnam boxeador y drogadicto. Un trabajo que volvía a demostrar la capacidad narrativa de Mann a la hora de componer canciones. *@#%&! Smilers* de 2008 significó un retorno a sus inicios, un disco en el que las canciones primaban sobre el conjunto. Los siguientes años estuvo ocupada intentando sin éxito convertir *The Forgotten Arm* en un musical por eso su último trabajo tardó cuatro años en ver la luz. *Charmer* data de 2012.

Martha & The Vandellas

Las creadoras del sonido Motown

Detroit
1963-1972

Martha Reeves y sus compañeras definieron a mediados de los sesenta el sonido de la Motown en lo que a grupos femeninos se refiere, un sonido que revolucionaría el mundo de la música para siempre. Junto a The Supremes, Martha & The Vandellas se convirtieron en uno de los grupos estandarte del sello discográfico.

Varios fueron los motivos, desde la voz característica de Reeves mezcla de R&B y gospel que tan bien se amoldaba al pop-soul de la Motown, hasta las composiciones que Holland-Dozier-Holland les proporcionaron, los coros harmonizados de sus compañeras, los vientos acompañados de una sección rítmica potente y esa típica llamada y respuesta en sus letras que sería marca de la casa para Martha & The Vandellas. Con ellas nacería el himno de Motown, "Dancing in the Street", una de las canciones más versionadas. Un canto a la libertad, a divertirse, a bailar, pero a hacerlo unidos, como una comunidad. No es de extrañar que la pegadiza canción se convirtiera en su mayor éxito. Lamentablemente se vieron eclipsadas por Diana Ross y sus chicas supremas.

Martha Reeves ya había actuado en varios grupos femeninos, como The Fascinations, antes de formar en 1960 The Del-Phis junto a Annette Beard, Rosalyn Ashford y Gloria Williams. Llegaron a grabar con Chess-Mate Records "My Baby Won't Come Back", un single que no tuvo demasiado éxito. Pero la suerte se cruzó en el camino de Martha Reeves cuando ganó un concurso gracias al que actuó en el club Twenty Grand. Allí fue descubierta por el A& R de Motown, William "Mickey" Stevenson.

A pesar de su golpe de suerte, sus inicios en la compañía fueron como secretaria de Stevenson. Entre golpe de tecla y recepción de llamadas, Reeves también hacía tareas de corista en discos como *Stubborn Kind of Fellow* de Marvin Gaye. La ausencia de la cantante Mary Wells en una grabación le proporcionó a Reeves su primera gran oportunidad, se hizo con la voz del tema "I'll Have To Let It Go". Fue un éxito que llamó la atención del fundador de Motown, Berry Gordy que le proporcionó un contrato discográfico. Martha Reeves llamó a sus compañeras en The Del-Phis, Rosalind Ashford y Annette Beard para que la acompañarán. Así nacían Martha & The Vandellas. Van por la calle Van Dyke de Detroit y Dellas por la cantante favorita de Reeves, Della Reese.

Su primer éxito les vino de la mano del trío Holland-Dozier-Holland con "Come and Get These Memories" pero fue realmente con "Heat Wave" cuando despegaron hacia el estrellato. Un tema pegadizo e irresistible para las listas y que también marcaría el principio de su fructífera asociación con el famoso trío de compositores. Muchos otros éxitos le siguieron, pero fue sin duda "Dancing in the Street", co-escrito por Mickey Stevenson, Marvin Gaye y Ivy Joe Hunter, el que marcó en 1964 el punto más álgido de su carrera. Se convirtió en un verdadero himno para la Motown.

Aunque el grupo consiguió numerosos hits en las listas de R&B como "Nowhere to Run" o "Jimmy Mack" y se convirtió en uno de los principales adalides del sello, The Supremes eclipsaron su éxito. Ambas formaciones eran competidoras y Reeves siempre se quejó de que Motown promocionaba más a The Supremes en detrimento de su grupo. La marcha del trío Holland-Dozier-Holland del sello propició una caída en el éxito de las canciones del grupo. Cuando Motown abandonó Detroit por la soleada Los Ángeles en 1971, se despidieron de la compañía. Desaparecieron poco después cuando Martha Reeves emprendió una carrera en solitario que no tuvo tanto éxito.

Imelda May

La nueva reina del rockabilly

10 de julio de 1974
Dublín, Irlanda

El rockabillly está viviendo un resurgir, un revival del que Imelda May es la más firme representante. Incluso la gran Wanda Jackson, con la que ha compartido escenario, la declaró su relevo natural. Pero May tiene una personalidad propia y única, avalada por una gran voz, una presencia escénica poderosa y ese sonido rockabilly clásico al que ha sabido darle un aire fresco con toques de blues, jazz e incluso punk. Imelda May ha dejado de ser una promesa para convertirse en la nueva reina del rockabilly por méritos propios.

Nacida en Dublín como Imelda Mary Clabby, era la pequeña de cinco hermanos. Vivía en una casa pequeña con tan solo dos habitaciones. Allí descubrió la música gracias a sus hermanos. Elvis, Eddie Cochran o Gene Vincent sonaban habitualmente en casa. Con nueve años descubrió el rockabilly y el blues y cantaba sobre los discos de Billie Holiday, su gran ídolo musical. Dejó los estudios porque lo que realmente le atraía era la música. Su primer trabajo como cantante fue con 14 años para un anuncio de Findus en el que ganó 40 libras.

Decidida a convertirse en cantante profesional empezó a actuar en clubs de Dublín en los que a veces ni podía entrar por ser menor de edad. Con 16 años cantaba también en clubs de burlesque. En esas actuaciones se curtió, cantando rockabilly pero también blues, emulando a su admirada Billie Holiday. Fueron años duros de formación. En 1998 decidió mudarse a Inglaterra. Allí empezó a cantar con Blue Harlem y Mike Sánchez. Pero cantar para otros no era su meta. Imelda quería liderar su propia banda.

En 2003, decidida a labrarse su propio destino, formó su grupo junto a Steve Rushton a la batería, Al Gare al bajo, Darrel Higham a la guitarra y Dave Priseman a la trompeta. Su primer disco *No Turning Back* fue publicado por Foot Tapping Records como Imelda Clabby, aunque posteriormente fue re-editado con el nombre de Imelda May.

En 2007 publicó su segundo disco en Ambassador Records, *Love Tattoo*. Llegó como un soplo energético de aire fresco al rockabilly y fue el disco que la descubrió para el gran público. Jools Holland se la llevó de gira tras escucharlo. En 2009 Imelda se convirtió en la primera mujer irlandesa que llegaba el número uno de las listas desde 1991, cuando Mary Black lo hizo con su "Babes in the Wood".

Entre sus grandes admiradores se encuentran Jeff Beck con el que cantó en la ceremonia de los Grammys en 2010 en un tributo al legendario maestro de la guitarra Les Paul. También participó en el disco de Beck *Emotion & Commotion* cantando "Lilac Wine". Ese mismo año actuó con otro de sus grandes ídolos e influencia musical, Wanda Jackson. También publicó su siguiente disco, *Mayhem* en Decca Records. Quizás es su trabajo más ecléctico aunque con un sonido clásico y unas letras muy actuales. El álbum incluía su colaboración con Lou Reed en el tema "Kentish Town Waltz". El último trabajo de Imelda May es el adictivo *Tribal* de 2014.

Sarah McLachlan

La fundadora del Lilith Fair

28 de enero de 1968
Halifax, Canadá

Aunque su música gira más entorno al folk-pop, no hay duda de la importancia de Sarah McLachlan para el rock hecho por mujeres. Como fundadora del festival y gira de conciertos Lilith Fair, McLachlan ayudó a muchas otras mujeres a llegar al gran público, dando visibilidad a cantantes que antes no la habían tenido. McLachlan empezó a tomar clases de piano, canto y guitarra de niña. Mientras estaba en el instituto formó la banda de New Wave

October Game. Con 17 años el sello Nettwerk le ofreció un contrato discográfico que sus padres rechazaron por miedo a los peligros del rock and roll. Aunque en 1987 y ante la insistencia de la compañía, aceptó. Un año después publicó su primer disco *Touch*. Aunque la guitarra era su instrumento principal, en su debut el piano era el protagonista junto a su espectacular voz. El disco fue oro en Canadá y Arista volvió a editarlo internacionalmente. En 1991 llegó su segundo trabajo, *Solace*. Un gran salto en su talento compositivo que la hizo ganar adeptos en Estados Unidos.

Fumbling Towards Ecstasy fue su disco rompedor. El álbum de 1993 se basaba en sus experiencias en Camboya y Tailandia donde trabajó para un documental sobre pobreza y prostitución infantil. "Possession" fue su single más exitoso, narraba su experiencia con un acosador que la acusó de utilizar el material de las cartas que le escribía para hacer la letra de la canción. Posteriormente el acosador se suicidó. Esta experiencia le causó un importante bloqueo creativo. Sus dos siguientes trabajos serían en 1995 *The Freedom Sessions* y en 1996 *Rarities, B-Sides & Other Stuff*, ambos sin material nuevo.

En aquellos años fue cuando la cantante y compositora, ante las injusticias de la industria respecto a las mujeres, tuvo la idea de crear un concierto con un cartel enteramente femenino. No se echó para atrás ante la indiferencia e incluso la reticencia de muchos promotores de conciertos que veían en la idea un total fracaso comercial. Por lo visto, pensaban que nadie iría a ver un concierto en el que sólo actuasen mujeres. Así nació el Lilith Fair. Una gira que se convirtió en un éxito sin precedentes. Incluyó actuaciones de McLachlan en sus 32 paradas junto a un buen número de cantantes desde Patti Smith, Indigo Girls, Jewel, Lisa Loeb o Aimee Mann, entre otras.

En 1997 publicó su disco más exitoso, *Surfacing*. Durante estos años combinó el Lilith Fair con sus trabajos discográficos. En 1999 fue la última gira del festival que volvió a resurgir en 2010. McLachlan ha seguido publicando discos e involucrándose en tareas humanitarias como The Sarah McLachlan School of Music para niños en riesgo social en Vancouver o el Live Aid. Su último trabajo es el emocional *Shine On* de 2014 que estuvo marcado en las letras por la muerte de su padre y su divorcio.

Memphis Minnie

Reina de la guitarra

3 de junio de 1897 - 6 agosto 1973
Algiers, Louisiana - Memphis, Tennessee

Encontrarse con una mujer cantante y guitarrista a finales de los años veinte que hubiese grabado era casi imposible y si era de color, menos aún. La excepción fue Memphis Minnie. Nacida Elizabeth "Lizzie" Douglas, durante sus más de 40 años de carrera acumuló unas 200 grabaciones, algo tremendamente inusual en aquella época para una mujer.

A través de estas grabaciones se puede apreciar el porqué de su importancia para el blues y el desarrollo del estilo de tocar la guitarra, también en el rock. Su influencia deriva precisamente de su forma innovadora y rítmica de tocar el instrumento. Memphis Minnie nació en el seno de una familia rural en Mississippi. Con 11 años ya tocaba la guitarra y con 13 se escapó de la granja en la que vivía para unirse como cantante y guitarrista a un circo. Tocando en las calles para sobrevivir se curtió en la dura vida del músico. Pero fue en la bulliciosa Chicago donde se codeó con los mejores bluesmen. Allí, gracias a su maestría musical, era respetada y tratada como un igual por el resto de músicos. Entre los años trenta y cuarenta, ella fue una de las grandes del blues. Batió incluso al gran Muddy Waters y a Big Bill Broonzy en varios concursos de guitarra. Este último aseguraba que tocaba como el mejor de ellos.

Mujer de armas tomar, independiente y sin miedo a nada, sabía defenderse y hacerse valer. Incluso en alguna pelea callejera. Sus letras autobiográficas hablaban de una mujer real y fuerte. Además de ser una auténtica pionera, Memphis Minnie fue una artista prolífica y grabó durante sus más de 40 años de carrera para discográficas como Columbia, Vocalion o Bluebird.

Sus mejores trabajos son los que la acercaron al blues más oscuro y profundo. Sus matrimonios con los guitarristas Casey Bill Weldon, Joe McCoy y Ernest Lawlars también le ofrecieron la oportunidad de grabar numerosos dúos musicales de éxito. "Moaning the Blues", "Bumble Bee", "When The Levee Breaks", popularizada posteriormente por Led Zeppelin, o su mayor éxito, "Me And My Chauffeur Blues", son algunos de los temas por los que será recordada. Ella fue uno de los 20 artistas que entraron en Salón de la Fama del Blues en su primera edición. Su influencia llega hasta hoy día y no sólo como ejemplo para otras mujeres. Ningún guitarrista que se precie, puede negar su importantísima aportación a la música.

Joni Mitchell

La experimentadora incansable

7 de noviembre de 1943
Fort MacLeod, Canadá

Aunque en sus inicios el folk la atrajo, pronto fue cabeza visible del movimiento de cantautores de los setenta, su acercamiento al jazz y su afán de experimentación la han llevado a traspasar fronteras musicales. A Joni Mitchell no le gusta aburrirse y aunque podría haber repetido la fórmula del éxito de discos como Court And Spark, se lanzó del lleno a experimentar. Como compositora, Joni Mitchell es un ejemplo de exquisita excelencia con sus letras personales e introspectivas. Marcó el devenir de muchas cantautoras que la siguieron. Pero además, supo incorporar en sus composiciones elementos del jazz o world music, algo insólito en aquellos días. Colaborando con maestros del jazz como Charlie Mingus o Jaco Pastorius se acercó a la experimentación que marcaría el resto de su carrera. Mitchell es una artista completa que se negó a ser encasillada y supo romper barreras como artista y como mujer.

Joni Mitchell nació en un pequeño pueblo de Alberta, Canadá, como Roberta Joan Anderson. Con nueve años tuvo la polio, algo que marcaría su estilo de tocar la guitarra, en una de sus manos no tenía la misma fuerza. Curiosa desde su más tierna infancia, la música y la pintura siempre formaron parte de su vida. Aprendió a tocar la guitarra de forma autodidacta ayudada

por un manual de Pete Seeger. Aunque en un principio quiso dedicarse a la pintura, estudió en el Alberta College of Art de Calgary, pronto empezó a tocar folk en los clubs de la ciudad. En 1965 se mudó a Toronto donde se casó con el cantante de folk Chuck Mitchell. Allí formó parte activa de la escena folk de la ciudad. Poco después se trasladaron a vivir a Detroit. Aunque se separaron, conservó su apellido.

En Detroit empezó a hacerse un nombre en la escena folk. En 1968 se mudó de nuevo a Nueva York donde conoció al que sería su manager, Elliott Robbert y a David Geffen que la fichó para Asylum Records. Allí también conoció a uno de sus grandes amigos, David Crosby. Él produjo su primer disco para Reprise en 1968, *Song to a Seagull*. Entonces fijó su residencia en California. Al principio sus éxitos fueron más como compositora que como cantante, músicos como Judy Collins con "Both Sides of Now" o Fairport Convention con "Eastern Rain" alcanzaron los puestos más altos de las listas con sus canciones.

Su segundo disco *Clouds*, fue el primero que produjo ella misma, desde entonces produjo o co-produjo todos sus trabajos. Con él ganó su primer Grammy. En 1971 llegaron *Ladies of the Canyon* y *Blue*, discos que profundizaban en sus letras sobre la desilusión del desamor, con canciones que se convertirían en verdaderos clásicos. También supusieron el desencanto con la industria y la forma en la que las mujeres eran tratadas. Tenía que sufrir que las revistas musicales escribieran artículos sobre sus amoríos y no sobre su música y sus actuaciones en directo se hicieron más esporádicas.

Su siguiente disco *For The Roses* (1972) se acercó más al rock y al jazz. Pero fue con *Court and Spark* con el que la popularidad de Joni Mitchell se disparó. Fue un gran éxito a nivel de ventas junto a *Miles of Aisles*. En ambos discos de 1974 se acompañaba de Tom Scott and the L.A. Express, una banda conocida por su jazz fusión.

El jazz tomaba cada vez más protagonismo en sus composiciones y sus discos eran más experimentales. En *The Hissing of Summer Lawns* introdujo los primeros sonidos world music mucho antes que otros artistas lo hiciesen y un año después, en 1976 publicó su obra maestra, *Hejira*. Uno de sus trabajos más experimentales en el que colaboró Jaco Pastorius que también apareció en su siguiente trabajo *Don Juan's Reckless Daughter*, junto a Wayne Shorter, Chaka Khan, John Guerin y Airto.

En 1978 trabajó con Charles Mingus en *Mingus*. Un trabajo que el gran músico de jazz no llegó a ver publicado. Sus raíces en el jazz cada vez se hacían más profundas. Y durante años publicó y grabó discos rodeada de músicos de jazz. Con Pastorius, Mingus o Herbie Hancock creó sus discos más ambiciosos e innovadores.

Sus producciones en los ochenta y noventa no fueron tan habituales, alejada de los focos de la fama, Joni Mitchell se interesó más por el arte que rodea a la música que por los éxitos comerciales, manteniendo siempre la libertad que su creatividad le daba. Sus discos tuvieron pinturas suyas en muchas de sus portadas. *Both Sides Now* fue su primer trabajo del nuevo milenio, un disco de estándares. Dos años después publicó

Travelogue, con versiones orquestradas de temas anteriores. Aunque anunció su retirada, en 2007 la guerra de Irak le hizo resurgir con *Shine*. Apenas aparece en público y sus actuaciones son escasas. En marzo de 2015 sufrió un aneurisma cerebral del que se está recuperando poco a poco.

Alanis Morissette

El rock femenino hecho superestrella

1 de junio de 1974
Ottawa, Canadá

No hay nada como reinventarse para conseguir el favor de todos: público, industria y crítica. Eso es lo que le pasó a la canadiense Alanis Morissette con su disco Jagged Little Pill. En realidad era su tercer disco, pero con-

siguió lo impensable, un éxito meteórico y convertirse en una de las voces femeninas más importantes del momento. Una que cantaba con rabia sobre relaciones personales, traición, dolor y falta de autoestima. Más de 28 millones de copias vendidas la encumbraron a la fama en el mundo del rock, convirtiéndolo en el disco de una artista femenina que más ha vendido. A pesar de ello ha recibido constantes críticas a su trabajo y a la importancia de su figura en el rock. Aunque su música es un ejemplo de rock comercial, el impacto de Jagged Little Pill es indudable.

Morissette empezó a tomar lecciones de piano a los seis años. Con nueve escribía canciones y a los 10 ya era protagonista de una serie en el canal Nickelodeon. Con el dinero que ganó en la televisión publicó su primer single en 1987 "Fate Stay With Me". En 1991 publicó *Alanis* y en 1992 *Now This is the Time*, dos discos que la convirtieron en una estrella en su Canadá natal. Trabajos que sin embargo han pasado merecidamente sin pena ni gloria en la historia del rock. Pero la cosa es muy distinta cuando hablamos de su tercer disco.

En 1994 se mudó a L.A. donde fichó por el sello de Madonna, Maverick. Junto al productor Glen Ballard, que había trabajado con Aretha Franklin o Michael Jackson, desarrollaron las canciones de *Jagged Little Pill*. Melodías rockeras con un toque de pop como "All I Really Want", "You Oughta Know" o "Ironic" que consiguieron acercar sus temas a grandes audiencias y que le valdrían cuatro premios Grammy. En 1998 lanzó *Supposed Former Infatuation Junkie*, otro número uno que dado el éxito espectacular de su anterior trabajo fue considerado una decepción comercialmente hablando, aunque ganó dos Grammy más. Un disco más experimental en cuanto a sonido.

En 1999 Morissette giraba junto a Tori Amos, interpretaba rodeada de polémica a Dios en la película *Dogma* de Kevin Smith y publicaba su *Unplugged*. Hasta 2002 no editó su siguiente trabajo, *Under Rug Swept*. Su primer disco como productora y compositora en solitario y número 1 de nuevo. Supuso su retorno a un sonido más rock.

So-Called Chaos salió a la luz en 2004 y cuatro años después publicó *Flavors of Entanglement*, un disco demasiado cercano al dance y que hablaba de los sinsabores de la ruptura de su compromiso con el actor Ryan Reynolds. Parecía que quería ganarse las pistas de baile sin éxito. En 2010 el nacimiento de su hija junto al rapero Mario "MC Souleye" abrió un camino más luminoso a sus composiciones con *Havoc and Bright Lights*. Un disco que habla sobre el matrimonio, la maternidad y la espiritualidad mística.

N

Scout Niblett

Una voz y una guitarra lo-fi

29 de Septiembre de 1973
Nottingham, Inglaterra

La carrera de esta inglesa es sorprendente, por su juventud, por la madurez de su música, por lo prolífica que es y por los colaboradores con los que se suele rodear, artistas como Steve Albini o Will Oldham. Su música es simplemente guitarra y batería acompañadas de su voz. Minimalista, directa y cruda. Es otra de las grandes promesas del rock.

Emma Louise Niblett adoptó su nombre del personaje de la novela *Matar a un ruiseñor* de Harper Lee. Scout Niblet debutó en 2001 en un 7" junto a Songs: Ohia para el sello Secretly Canadian. Poco después publicó su primer disco *Sweet Heart Fever*. Las primeras comparaciones con PJ Harvey o

Cat Power empezaron a florecer entonces. Un debut sorprendente con su voz como protagonista y unas letras descarnadas y emotivas. En 2003 veían la luz el EP *I Conjure Series*, donde ella tocaba todo los instrumentos, y el largo *I Am*. Este último además grabado junto a uno de sus grandes valedores, Steve Albini en sus famosos Electrical Audio Studios de Chicago. Otro ejemplo de porque la cantante y compositora encaja tan bien el sonido más indie y lo-fi americano a pesar de sus raíces inglesas.

Durante su gira por EEUU con The Kills en 2005 lanzó su segundo disco, *Kidnapped by Neptune*, ya en el sello Too Pure. Dos años después publicó *This Fool Can Die Now* junto a Steve Albini de nuevo y con la colaboración de Will Oldham en cuatro de los temas del disco. Un trabajo quizás más experimental que sus anteriores discos. Ya se había trasladado a vivir a Portland, Oregon y seguramente se sentía más libre de sus orígenes musicales. En 2010 llegó *The Calcination of Scout Niblett*, su trabajo más minimalista y sencillo en apariencia. Sin excesos, quemándose hasta las raíces mismas de su música. Un exorcismo musical en el que se descubre a sí misma. De nuevo encontró en Steve Albini a su mejor aliado creativo.

En 2013 publicó su último trabajo *It's Up to Emma*. Su disco más íntimo, más personal. El relato de una ruptura dolorosa perfectamente acompañado de su voz y su guitarra eléctrica. Con el devastador single "Gun" como carta de presentación. Demasiado crudo y demasiado desnudo para dejar que otros produjeran sus canciones, esta vez fue la propia Niblett la que se encargó de ello.

Stevie Nicks

La diosa mística del rock

26 de mayo 1948
Phoenix, Arizona

Esta sacerdotisa del rock, mitad cíngara, mitad trovadora se convirtió en una de las cantantes y compositoras más importantes de los setenta gracias a Fleetwood Mac. Bailando al límite durante años, Stevie Nicks consiguió tanto con su banda como en solitario crearse una imagen de diosa del rock, de figura de culto imprescindible para entender la historia de la música en clave de mujer. Comprometida con la música al 100%. Con una voz ronca muy particular, Stevie Nicks representa la figura de la mujer fuerte. Una superviviente. Un icono.

Stevie Nicks nació como Stephanie Lynn Nicks. La música corría por sus venas, era nieta de un cantante frustrado de country. Con 4 años ya cantaba en la taberna de sus padres. Empezó a escribir canciones de adolescente y en el instituto formó su primer grupo, Changing Times. Durante el último curso conoció a Lindsey Buckingham y sellaron su destino para siempre. Juntos formaron Fritz junto a Javier Pacheco y Calvin Roper. El grupo alcanzó cierta fama en la costa oeste, fueron teloneros de Jimi Hendrix, Janis Joplin o

Creedence Clearwater Revival. Pero después de tres años la banda se separó, parece que la excesiva atención que los fans dedicaban a Nicks por encima del resto de músicos no fue bien recibida por sus compañeros. A pesar de ello, Nicks y Buckinghan continuaron componiendo juntos e iniciaron su relación amorosa. Esa que ha nutrido las canciones de ambos durante años.

En 1973 se mudaron desde San Francisco a Los Ángeles y publicaron su debut *Buckingham Nicks*. El disco fue su carta de presentación para entrar en Fleetwood Mac en 1974 junto a Mick Fleetwood, John y Christine McVie. No necesitaron pasar ninguna prueba. Con ellos grabaron las dos obras maestras de la banda, *Fleetwood Mac* en 1975 y *Rumours* en 1977. Justo antes de publicar el disco Nicks y Buckingham se separaron y los McVie se divorciaron. *Rumours* mostraba el punto de vista femenino y masculino de las relaciones, relato de sus propias historias dolorosas, de traiciones y desengaños amorosos. Un disco descarnado en el que los miembros de la banda desnudaban dolorosamente sus sentimientos. En "Dreams" o "Rhiannon" la voz ronca de Stevie Nicks tomaba el protagonismo. *Rumours* fue el álbum que inscribió el nombre de la banda en la historia del rock para siempre.

En 1981 Stevie Nicks empezaba su carrera en solitario con *Bella Donna* que incluía un dúo junto a Tom Petty en "Stop Draggin' My Heart Around". Con la banda de Petty giró durante un tiempo. Este disco probaba que podía volar en solitario. Ella ha sido el miembro de Fleetwood Mac que ha tenido una carrera en solitario más exitosa, a veces incluso más que la propia banda. Durante años Stevie Nicks combinó sus trabajos con los discos en Fleetwood Mac. Si en 1982 publicó *Mirage* con Fleetwood Mac un año después llegaba *The Wild Heart* en solitario y en 1985 *Rock a Little*. En medio, luchó contra sus adiciones a la cocaína y los medicamentos. Salió airosa de una espiral de drogadicción que podía haberla llevado a la muerte.

En 2001 se unió a otras voces femeninas herederas de su legado, como Sarah McLachlan, Sheryl Crow, Macy Gray o Dixie Chicks, para su disco *Trouble in Sangri-La*. En 2011 inició su colaboración con Dave Stewart con el disco *In Your Dreams*. Y aunque entró y salió de la banda en diversas ocasiones, siempre retornó junto a sus compañeros de Fleetwood Mac. En 2013 publicaban el EP *Extended Play*. La banda conseguía milagrosamente que Christine McVie saliera por fin de su retiro y participara en una gira de reunión. *24 Karat Gold: Songs from the Vault* es el último trabajo de Nicks, un disco que reúne canciones que escribió a lo largo de su carrera y nunca publicó. Joyas escondidas. Repetía con Dave Stewart como colaborador y demostraba que seguía teniendo la misma fuerza de siempre.

Nico

La diosa de hielo

16 de octubre de 1938 – 18 de julio de 1988
Colonia, Alemania – Ibiza, España

Muchos han dudado de la verdadera aportación de Nico al famoso disco del plátano, The Velvet Underground & Nico. Los que lo hacen probablemente no han sabido ver que a pesar de su poca repercusión comercial, la carrera de Nico fue totalmente personal, comprometida consigo misma y más influyente de lo que pueda parecer a priori. Su fría, áspera y distante voz, de diosa de hielo germánica, atrajo a Andy Warhol, que la convirtió en su musa y en voz de la Velvet Underground, se ganaba así su lugar en la historia del rock.

Nico se acercó a la fama primero como modelo, su alta figura, sus ojos claros y su melena rubia le ayudaron. Hasta que en 1965, el mánager de los Rolling Stones, Andrew Loog Oldham la fichó para su sello Immediate. La había conocido en una fiesta en Londres. Aunque en el single que grabó participaban Brian Jones y Jimmy Page, este pasó totalmente desapercibido. Poco después decidió cruzar el charco y marcharse a Nueva York, donde Andy Warhol la adoptó en su troupe de la Factory. Fue idea del artista que ella cantase con The Velvet Underground. El resto de miembros no la aceptó precisamente como una más y en 1967 dejaba la formación. Cantó en tres de las canciones del disco que hizo que The Velvet Underground entrara en la historia de la música: "Femme fatale", "All Tomorrow's Parties" y "Venus in Furs".

Tras dejar la banda que le dio fama, Nico decidió emprender carrera en solitario. Su primer disco, *Chelsea Girl* era un hipnótico trabajo de folk rock bañado por esa voz tan característica suya, que más que cantar, parecía que recitaba. Para grabarlo se acompañó de Jackson Browne, Lou Reed o John Cale, uno de sus más estrechos colaboradores durante su carrera en solitario. En 1969 publicó su segundo disco *The Marble Index*, un trabajo oscuro con letras indescifrables producido también por Cale. Nico encontraba su voz, la de la mujer oscura y torturada, con una vida difícil, era una heroinómana confesa. Y se acercaba cada vez más a la experimentación.

En los setenta y los ochenta, sus discos siguieron esta línea, la de descubrir nuevos sonidos y nuevos caminos, ayudada por músicos como John Cale, Brian Eno o Phil Manzanera. Publicó varios directos que pasaron sin pena ni gloria, y algún que otro disco de estudio como *Camera Obscura* de 1985. Pero lo que prometía ser una exploración interesante en el lado más oscuro de la música se veía entorpecido por una dependencia abusiva de las drogas y una más que tumultuosa vida sentimental. Una vida que acabó tristemente en su retiro ibicenco en 1988 a causa de una hemorragia cerebral. Desaparecía el ángel de voz pétrea y dejaba detrás una historia triste cantada con desesperación y lamento.

Laura Nyro

La intensidad hecha voz

18 de octubre de 1947 - 8 de abril de 1997
Nueva York, Nueva York - Danbury, Connecticut

Laura Nyro es una de las cantautoras más intensas y emocionales que surgieron durante los sesenta y setenta. Una de las joyas ocultas de la música. Quizás no alcanzó números uno pero sus discos y su voz de soprano ha influido tanto que es imposible ignorar su legado. Su música nacía del Brill Building, del R&B, del soul, del gospel, del jazz, los musicales de Broadway e incluso el doo wop. De todo lo que aprendió en las calles mientras se criaba en una ciudad tan cosmopolita como Nueva York. Todo ello, conjugado con maestría, baña la música de Layra Nyro. Su voz de soprano tenía un alma y una intensidad impropias de su edad. Su primer disco lo publicó con 19 años. Un talento adelantado a su tiempo que quizás no fue entendido por el gran público.

La importancia de Laura Nyro como compositora es indudable, pero también su estilo de cantar, su forma de tocar el piano y de componer han

marcado el devenir de cantantes como Kate Bush o Tori Amos. Su pasión, la poesía de sus letras y su voz de soprano ha sido una gran influencia para muchas cantantes y compositoras en las últimas décadas. Quizás sus discos no arrasaron en las listas, pero su legado si que lo hizo y sigue más vivo que nunca.

Laura Nyro nació en Nueva York como Laura Nigro, proveniente de una familia de ascendencia italiana. Su padre era trompeta de jazz y su madre la introdujo en la ópera y la música clásica. Estudió en la High School of Music and Art de Manhattan, donde descubrió el jazz y el folk. Durante esos años, ella y sus amigas se dedicaban a cantar por las calles doo-wop. Pronto empezó a actuar en los clubs locales.

Con apenas 19 años publicó su debut *More Than a New Discovery* (1967). Aunque el disco no fue un gran éxito comercial, muchos intérpretes se beneficiaron de él, haciendo que sus canciones llegarán a lo más alto de las listas. The Fifth Dimension hicieron suya "Wedding Bell Blues", Barbra Streisand interpretó "Stoney End" y "And When I Die" fue popularizada por Blood, Sweat & Tears. David Geffen presenció su casi desapercibida actuación en el Monterey Pop Festival y cayó rendido a sus pies. Vio sin duda el talento innato de Nyro. Inmediatamente se convirtió en su mánager y la fichó para Columbia Records.

En los tres años siguientes publicó tres de sus grandes joyas discográficas. *Eli and the Thirteenth Confession* (1968), *New York Tendaberry* (1969) y *Christmas and the Beads of Sweat* (1970). Discos en los que Nyro se desnudaba, se mostraba sincera en sus sentimientos con pasión y poesía. Acompañada del piano, su impresionante voz y canciones perfectas.

En 1971 publicó *Gonna Take a Miracle*, en el que le acompañaba el trío vocal LaBelle, formado por Patti LaBelle, Sarah Dash y Nona Hendryx. Un sentido homenaje al R&B y al soul que tanto le gustaba, a los grupos vocales femeninos, a la Motown, a los coros de voces inmensos que engrandecían las canciones. Su único disco que no tenía canciones originales fue producido por dos maestros del Philly Sound, Kenny Gamble y Leon Huff. Poco después, Laura Nyro anunció su retiro y desapareció durante cinco años. Apenas daba entrevistas, no actuaba demasiado en directo y siempre se había mostrado cuidadosa con su vida privada. Era una artista inusual.

Reapareció a mediados de los setenta esta vez con discos más tranquilos y meditativos. Sus trabajos no serían tan frecuentes: *Smile* (1976), *Nested* (1978) y *Mother's Spiritual* (1984). Su último trabajo de estudio apareció en 1993, *Walk the Dog and Light the Light*. En 1999 moría a los 49 años de un cáncer de ovarios. En 2001 se publicó su disco póstumo *Angel in the Dark*.

O

Yoko Ono

El grito de la experimentación

18 de febrero de 1933
Tokyo, Japón

Vilipendiada hasta la saciedad y acusada de propiciar el fin de los Beatles, muchas veces se ha obviado el importante papel como compositora y artista vanguardista que Yoko Ono ha tenido. Mujer de John Lennon, fue precisamente este hecho el que quizás hizo que su papel en la música no se tomase en serio. Experimental, controvertida e irreverente, Ono hizo algo más que simplemente gritar. Ya existía una Yoko Ono artista de vanguardia con una carrera salpicada de referencias musicales antes de que John Lennon apareciera en su vida. Ella fue una de las primeras artistas musicales de vanguardia. Su música influyó sin duda en el rock más vanguardista.

Yoko Ono nació en Tokyo en el seno de una familia adinerada. Tuvo una niñez sumamente solitaria y aislada. Su padre fue trasladado a San Francisco y no lo vio casi hasta los tres años. Educada en una escuela privada de élite, estudió piano clásico y más tarde clases de canto y ópera. En 1945 huyeron al campo por los bombardeos de los aliados, allí pasaron hambre y mendigaron por comida.

Tras la guerra, el padre de Ono fue trasladado a Nueva York donde ella empezó a estudiar música en el Sarah Lawrence College. Durante esos años

descubrió a Schoenberg, Webern y sobre todo a John Cage. Músicos que la influenciarían enormemente. Poco después conoció a Toshi Ichiyanagi, con el que se casaría en 1956 contra el deseo de su familia. Ambos se mudaron a Manhattan. Yoko enseñaba arte japonés y música en escuelas, rechazando el dinero de sus padres. Pronto su apartamento se convirtió en cita ineludible de la escena *arty* de la ciudad. Organizaba happenings junto al compositor minimalista LaMonte Young y John Cage enseñó allí clases de composición experimental.

Tras su divorcio, se marchó a Japón deprimida, sus actuaciones junto a John Cage no tuvieron buenas críticas. Su arte era demasiado conceptual. Intentó suicidarse y fue recluida en un hospital psiquiátrico del que fue rescatada por LaMonte Young y Anthony Cox, un músico de jazz que se convirtió en su segundo marido. En 1963 nació su hija Kyoko. Aquella a la que le cantó con un lamento hiriente en "Don't Worry, Kyoko (Mummy's Only Looking For a Hand In The Snow)".

De vuelta a Nueva York, Ono entró en el movimiento vanguardista Fluxus. En 1965 estrenó en el Carnegie Hall su clásico *Cut Piece*. Al año siguiente viajó a Inglaterra para un simposio de arte y se convirtió en la sensación del momento. En su exposición en la Indica Gallery conoció a John Lennon. El Beatle fascinado por su arte financió una de sus instalaciones. Su polémico film experimental *Bottoms* fue censurado y escandalizó a la sociedad inglesa, extremadamente conservadora. Pero sirvió para que Ono aumentara su popularidad. Poco después empezó su romance con Lennon y se convirtió en la mujer más odiada del planeta. La primera colaboración musical entre John Lennon y Yoko Ono fue en 1968. *Unfinished Music Nº1: Two Virgins* es un disco tremendamente experimental que no gustó a los fans del Beatle. Es indudable que Ono influyó en Lennon y abrió nuevos caminos para su música, pero no todos estaban de acuerdo y las críticas contra Ono fueron feroces. En 1969 se casaron en Gibraltar e hicieron su famoso "Bed-Ins for Peace" en Amsterdam y Montreal. "Give Peace a Chance" surgió de ahí. Formaron la Plastic Ono Band pero sus primeras actuaciones no se entendieron. El mundo del arte no comprendía porque Ono perdía el tiempo con Lennon y los fans del músico pensaban lo mismo de Ono.

Su segundo disco *Unfinished Music, Nº 2: Life with the Lions* fue publicado poco después. La voz de Ono era protagonista, un lamento improvisado, un grito feroz. *The Wedding Album* seguía la experimentación hasta extremos insospechados. En 1970 ambos grabaron sus discos con la Plastic Ono Band. *Yoko Ono/Plastic Ono Band* era mucho más experimental. Un álbum inclasificable, precursor del punk, del caos musical. *Fly* seguía esta línea. En 1972 ambos publicaban su disco protesta *Sometime in New York City*. En 1973 Yoko Ono realizó sus dos discos más feministas, *Feeling The Space* y *Approximately Infinite Universe*. En aquella época la pareja colaboró menos, fue la de su crisis y separación.

En 1975 se reconciliaron y nació su hijo Sean Taro Ono Lennon. El cantante se retiró de la música y se dedicó a ser padre mientras Ono se hacía cargo de los negocios de la pareja. Aunque Yoko contribuyó en el disco de retorno de Lennon, el excelente *Double Fantasy*, no publicó en solitario hasta después del asesinato de su marido en 1980 el sentido y doliente *Season of Glass*.

A pesar de continuar publicando discos, entre ellos destaca el irónico *Yes, I'm a Witch* de 2007, Ono se ha centrado más en su trabajo como artista. Nunca ha dejado de lado la música, en 2009 reformó la Plastic Ono Band junto a su hijo Sean. En 2013 publicó *YokoKimThurston*, su colaboración con Kim Gordon y Thurston Moore de Sonic Youth. Su último disco *Take Me to the Land of Hell* está producido por su hijo, coincidiendo con su ochenta cumpleaños en 2013.

P

Amanda Palmer

La diva del cabaret post-punk y las redes sociales

30 de abril de 1976
Nueva York, Nueva York

De estatua viviente a reina del cabaret. La carrera de Amanda Palmer es sin duda la de una mujer hecha a sí misma. Después de estudiar en la universidad, Palmer se dedicó al teatro de calle e hizo de estatua viviente para ganarse la vida. Algo que marcaría su carrera como cantante. Sabía que el arte era su camino pero nunca se imaginó que acabaría dedicándose a la música. De fuerza compositiva en el dúo de punk cabaret de inspiración brechtiana The Dresden Dolls a reina del crowfounding, Amanda Palmer ha hecho del hazlo tú misma su lema. Siempre ha sido consecuente consigo misma y su arte.

Amanda Palmer nació en Nueva York pero creció en Massachusetts. Desde pequeña el teatro llamó su atención. Tras estudiar Filosofía y Letras en la universidad formó el grupo de teatro callejero Shadowbox Collective. Mientras trabajaba en una heladería, ejercía de estatua viviente como "The Eight Foot Bride". En 2000 conoció al batería Brian Viglione en una fiesta de Halloween. En apenas un año habían formado The Dresden Dolls, tenían una fiel base de seguidores y Palmer se convirtió en la principal compositora y cantante de este dúo de teclado y batería. Sus espectáculos, influenciados por el cabaret alemán, no eran meros conciertos sino eventos artísticos en los que el teatro y la música se fusionaban. En 2002 lanzaron su primer trabajo, una recopilación de directos *A Is For Accident*. Su primer disco, *The Dresden Dolls*, vio la luz en 2003. Justo después fichaban por Roadrunner Records.

Su música, con un lado oscuro y teatral muy marcado, tiene influencias de Marlene Dietrich o Kurt Weill pero también de cantantes como Tori Amos o PJ Harvey. *Yes, Virginia...* fue su segundo trabajo en 2006. Le siguió *No, Virginia*, dos años después con caras b y demos junto a cinco temas nuevos. Palmer creó entonces *The Onion Cellar*, un musical basado en el *Tambor de Hojalata* de Günter Grass. Durante unos meses, The Dresden Dolls lo interpretaron junto al American Repertory Theater en el Zero Arrow Theatre de Cambridge, Massachusetts.

La banda se separó amistosamente y en 2008 la cantante emprendió su carrera en solitario con *Who Killed Amanda Palmer*. Sus directos siempre acompañados del elemento cabaret siguieron ganándole una legión de seguidores con los que siempre ha mantenido un contacto muy estrecho. En 2010 rindió tributo a Radiohead con el EP *Amanda Palmer Performs the Popular Hits of Radiohead on Her Magical Ukulele*. Muchas veces actúa en los llamados ninja gigs con su ukelele, conciertos sorpresa en medio de la calle. Avisa a sus seguidores por redes sociales, en las que ha encontrado la manera de relacionarse con sus fans sin intermediarios. Es una de las artistas pioneras en el uso de las mismas para comunicarse con sus seguidores.

En 2011 publicó *Amanda Palmer Goes Down Under*, para su gira por Australia y Nueva Zelanda. Un año después llegó su segundo trabajo, *Theatre Is Evil*. Un álbum que supuso la ruptura con su compañía de discos. Les acusó de querer recortar escenas de su vídeo para "Leeds United" por considerar que se la veía demasiado gorda. Tras una lucha legal, que incluyó la canción "Please Drop Me", en la que les pedía que la echasen y una campaña llamada The Rebellyon en la que miles de seguidores la apoyaron, consiguió librarse de su compañía. *Theater Is Evil* se grabó con The Grand Theft Orchestra y se pagó con una campaña de crowfounding en Kickstarter. El proyecto original tenía un objetivo de $100,000 pero consiguió más de un millón. En 2015 publicó su primer libro, *El Arte de Pedir* y ha colaborado con su marido el escritor Neil Gaiman en diversos shows. En paralelo ha tocado con su grupo Evelyn Evelyn junto a Jason Webley. Sigue innovando en internet desde su página en Patreon, donde hace llegar su música a sus fans directamente. Su último trabajo es un homenaje a Bowie interpretado por un cuarteto de cuerda, *Strung Out in Heaven: a Bowie String Quartet Tribute*.

Liz Phair

La voz del indie-rock lo-fi

17 de abril de 1967
New Haven, Connecticut

Liz Phair saltó al escenario musical con un álbum debut excelente que sirvió para ponerla en órbita en la historia del rock. Un disco que demostraba que el rock no era cosa de hombres y que se podían escribir canciones desde un punto de vista femenino con la misma calidad, desenfado y libertad sexual. En su música combinaba un gran talento compositivo con un sonido lo-fi.

Criada en un suburbio de Chicago, Phair tocaba el piano desde pequeña y en séptimo curso se lanzó a la guitarra. Tras acabar sus estudios de arte, su amigo Chris Brokaw del grupo Come le animó a grabar sus propios temas. Así nacieron las cintas de cassette *Girly Sound* que llamaron la atención de Matador Records. En 1993 publicó su primer disco, *Exile in Guyville*. Un trabajo escrito canción a canción en respuesta al *Exile on Main Street* de los Stones desde el punto de vista de una mujer. Canciones explícitas sexualmente en las que Phair se desnudaba como "Fuck and Run". El título del disco hace referencia también a la canción de Urge Overkill, "Goodbye to Guyville", como el grupo llamaba a la escena alternativa masculina de Chicago. Muchas figuras de la escena indie, como Steve Albini, empezaron una campaña contra la cantante que no paró su despegue meteórico. Aunque su miedo escénico le impidió girar para presentar sus canciones en directo.

Lamentablemente, su segundo disco no alcanzó las cotas de su primer trabajo. *Whip-Smart* tuvo un gran single en "Supernova", pero no obtuvo buenas críticas. Tampoco actuó en directo para presentarlo. En 1995 Phair se casó con el director Jim Staskausas y se retiró parcialmente. Ese verano publicó el EP *Juvenalia* con temas sobrantes de *Girly Sound*. Su tercer disco se retrasó a causa del nacimiento de su primer hijo y las sesiones de grabación que no acabaron de convencerla.

En 1998 publicó *Whitechocolatespaceegg*, un disco centrado en su maternidad y no fue hasta cinco años después que *Liz Phair* veía la luz. Desgraciadamente, muchos acusaron a Phair de haberse vendido con este disco. Su sonido intentaba llegar al gran público alejándose de su rabia inicial y acercándose a un pop casi adolescente. En 2005 apareció *Somebody's Miracle*, el más flojo de toda su carrera. *Funstyle* es su último disco, publicado en 2010.

Natalie Prass

La clase hecha cantante

15 de marzo de 1986
Richmond, Virginia

El disco de debut de Natalie Prass ha resultado ser una de las sorpresas musicales de 2015. Un disco homónimo redondo que habla de rupturas dolorosas y amores malditos. Todo ello, bañado por la dulce voz de Prass y unos arreglos exquisitos aportados por Matthew E. White y su compañero de fatigas en Spacebomb Records, Trey Pollard. La voz de Natalie es cálida, delicada y lo que es más importante, emociona. Magia musical, sentimiento y perfección sonora. Se expone sin tapujos en sus letras y sobre el escenario, con su frágil figura que se convierte en gigantesca cuando canta y toca. La han comparado con grandes como Dusty Springfield o Karen Carpenter.

Aunque nació en Richmond, Natalie Prass se mudó a Nashville donde ha pasado gran parte de su carrera musical. Hace ya unos cuantos años que la cantante y compositora se dedica a la música. Antes de lanzarse en solitario en 2009 ya había trabajando coescribiendo canciones y cantando para otros artistas.

Sus dos primeros trabajos, fueron los EPs autoeditados *Small & Sweet* de 2009 y *Sense of Transcendence* de 2011. En 2012 grabó su disco de debut, pero no fue publicado hasta tres años después. Para grabarlo se puso en manos de su amigo Matthew E. White que la ayudó a producirlo en sus estudios de Burlington. El disco estuvo en suspenso mientras el sello promocionaba otros trabajos que tenía en cartera. Pero Prass no se quedó quieta, siguió girando y componiendo canciones nuevas. Por fin, en 2015 veía la luz su álbum homónimo. Un disco de factura perfecta, con el toque de White y que fue aclamado por la crítica y el público. Un debut prometedor y una de las voces a tener en cuenta.

Q

Suzi Quatro

La rockera embutida en cuero

3 de junio de 1950
Detroit, Michigan

Suzi Quatro empezó su andadura a golpe del más rabioso garage rock en The Pleasure Seekers, el grupo que formó con sus hermanas, para luego triunfar en solitario con un hard rock potente con toques de glam. No fue la primera mujer en liderar una banda, pero si fue la primera que representó una imagen definitoria de la mujer rockera. Joan Jett la ha citado siempre como una de sus grandes influencias. Embutida en su traje de cuero negro, Suzi Quatro fue líder de su banda desde el primer momento. No había muchas mujeres entonces que se subieran al escenario con una actitud tan decididamente rock. Suzi Quatro era una chica dura, tanto o más que cualquier otro compañero de profesión.

El padre de Susan Kay Quatro tocaba en un trío de jazz y con ocho años Suzi debutó como percusionista en la banda. Estudió piano y batería has-

ta que su padre le regaló uno de sus bajos, un Fender Precision Bass de 1957. Aquel instrumento se convertiría en su seña de identidad. Con sus 153 centímetros, a veces parecía que el bajo ocupaba más que ella misma. Tras escuchar a Elvis y los Beatles y decidir que el rock era lo suyo, Quatro y sus hermanas, Arlene y Patti, formaron The Pleasure Seekers y empezaron a tocar en los clubes nocturnos de Detroit. Su música era puro garage y viniendo de Detroit Rock City no era de extrañar. Una ciudad dura que creó una raza aparte de músicos. La banda firmó un acuerdo con Mercury Records, con ellos publicaron un solo single. Poco después decidieron que la insistencia de la compañía por explotar su femineidad para vender más no iba con ellas.

En 1969 The Pleasure Seekers encaminaron su sonido hacia el rock progresivo y se convirtieron en Cradle. Fue entonces cuando el productor británico Mickie Most las vio en directo y decidió ofrecerle un contrato a Quatro en solitario. Aunque dejar a sus hermanas no fue fácil, Suzi tenía claro que quería triunfar en la música. Así que hizo las maletas y cruzó el charco para triunfar en Inglaterra.

Su primer single no tuvo gran repercusión, a pesar de contar con Peter Frampton a la guitarra. Pero Most hizo que el dúo formado por Mike Chapman y Nicky Chinn le compusieran sus temas clásicos: "Devil Gate Drive", "Can The Can" o "48 Crash". La fama de Suzi empezó a subir como la espuma. Entre 1973 y 1976 publicó sus cuatro discos más exitosos: *Suzi Quatro*, *Quatro*, *Your Mama Won't Like Me* y *Aggro-Phobia*. Aunque triunfó en Inglaterra y Australia, su tierra natal se le resistió hasta 1978.

En 1977, interpretó a Leather Tuscadero en la serie de televisión americana *Happy Days*. Aunque encarnaba a una cantante de rock and roll, la serie no le ayudó precisamente a que su música triunfara en Estados Unidos. Su imagen de mujer embutida en cuero no pareció gustar. Una mujer vestida así era demasiado agresiva para la conservadora América. No parecía ser un problema si eras un aguerrido rockero masculino. En 1978 publicó su último disco destacable *If You Knew Suzi...*, incluía su éxito "Stumblin' In" un dueto junto a Chris Norman del grupo glam Smokie. El único que alcanzó los primeros puestos de las listas.

Los ochenta encontraron a Suzi Quatro reconvertida en actriz de musicales, presentaba programas de televisión, era dj en la BBC Radio y escribió su autobiografía. Mientras tanto, siguió publicando disco alejados de sus inicios más hard rock. En 2014 editó *The Girl from Detroit City*, una caja recopilatoria celebrando sus cincuenta años de carrera.

R

Bonnie Raitt

La pelirroja del blues rock

8 de noviembre de 1949
Burbank, California

Aunque Bonnie Raitt no alcanzó el estrellato hasta que publicó en 1989 su décimo disco, Nick of Time, hacía dos décadas que con su guitarra le cantaba al blues mezclándolo sabiamente con rock y algo de R&B. Nunca le preocupó el éxito comercial, prefirió seguir la senda que le marcaba su guitarra y tener libertad compositiva. Con los años demostró no sólo su valía como cantante sino también como guitarrista, Raitt era una de las pocas mujeres en utilizar el slide al tocar. En sus inicios además se curtió con leyendas de la talla de Buddy Guy o Junior Wells.

Su madre Marjorie era pianista y su padre era una estrella de Broadway, John Raitt. Con este bagaje no es de extrañar que Bonnie Lynn Raitt empe-

zara a acercarse a la música a una edad temprana. Con ocho años recibió su primera guitarra y aprendió a tocar de forma autodidacta escuchando discos de Odetta. Aunque en su adolescencia se enamoró del folk gracias a Joan Baez, pronto el blues llamó a su puerta. En 1967 se marchó a estudiar a Radcliffe en busca de la escena folk y dejó la universidad a los dos años para dedicarse a tocar en el circuito de clubs de folk y blues de Boston. Allí se cruzó con Dick Waterman, su futuro mánager. Gracias a él tocó con Howlin' Wolf, Sippie Wallace y Mississippi Fred McDowell, algo que le dio un bagaje musical fundamental. Su reputación subía enteros, Raitt se convertía en algo excepcional, una mujer joven que cantaba blues con pasión y energía y además tocaba la guitarra con slide.

Debutó en 1971 con un disco homónimo en el que incluía versiones de Robert Johnson y Sippie Wallece y que contó con Junior Wells y A.C. Reed como colaboradores. Con Warner grabó ocho discos hasta 1986. En ellos fue pasando del blues más puro hacia canciones de orientación más pop escogiendo para sus temas compositores como Randy Newman, John Prine, Allen Toussaint o Jackson Browne. Con su disco de 1977 *Sweet Forgiveness*, Raitt consiguió por fin que uno de sus temas sonara en la radio, aunque era una versión de Del Shannon, "Runaway".

Mientras tanto, Bonnie Raitt participó en cientos de conciertos benéficos, su activismo político es de sobras conocido y siempre ha usado su popularidad para dar voz a diversas causas solidarias. Ella ha sido una de las grandes valedoras de la Rhythm and Blues Foundation que ayuda a músicos de blues mayores. A principios de los ochenta su carrera empezó a flojear, las ventas no la acompañaban y Warner decidió echarla.

Pocos apostaban por ella, cuando en 1989 con *Nick of Time* se convirtió en una estrella de la noche a la mañana. Se llevó a casa unos cuantos Grammy, los primeros de otros tantos que se llevaría a lo largo de su carrera. Su siguiente disco *Luck of the Draw* siguió la misma estela y le dio su primer gran hit en 20 años de carrera, "Something to Talk About".

Siguió publicando discos con éxito *Fundamental* (1998), *Silver Lining* (2002) y *Souls Alike* (2005). Poco después de este último, sus apariciones se hicieron más esporádicas. Sus padres, su hermano y uno de sus mejores amigos habían muerto en un breve periodo de tiempo. Necesitaba tomarse un respiro y vivir su vida. En 2012, Raitt volvió después de siete años de silencio con su excelente *Slipstream*. Un disco que publicaba en su propio sello Redwing Records. Su último trabajo es *Dig In Deep* de 2016. disco producido por ella misma y que vuelve a recuperar sus propias composiciones.

Linda Ronstadt

La voz versátil

15 de julio de 1946
Tucson, Arizona

Linda Ronstadt pasó de liderar una banda de folk rock con poco éxito a convertirse en una de las sensaciones de los sesenta. Fue una de las voces más populares de la década y aunque con el tiempo dirigió su música en otras direcciones nunca perdió esas raíces folk que la descubrieron. Los ochenta la acercaron a la New Wave e incluso a la música latina, sin por ello perder su popularidad ni su credibilidad. Pocas veces una artista de estilos tan variados

ha logrado mantener una carrera durante tantos años. Pero el punto fuerte de la cantante ha sido siempre esa voz clara y perfecta, versátil y el don de dar a las canciones de otros su toque especial. Es difícil resistirse a su voz y no dejarse emocionar con sus interpretaciones.

Sus primeros pasos musicales fueron con el trío de folk Three Ronstadts que formó con su hermano y su hermana. A principios de los sesenta y siendo estudiante de la Arizona State University, Linda Ronstadt conoció al guitarrista Bob Kimmel, ambos se mudaron a Los Ángeles donde conocieron al guitarrista y compositor Kenny Edwards. Juntos formaron The Stone Poneys. El grupo tuvo cierta repercusión en el circuito folk de California. Grabaron tres discos para Capitol. *Evergreen, Vol. 2* fue su segundo trabajo y su único éxito con "Different Drum". Después de grabar su tercer disco en 1968, Ronstadt dejó la banda para emprender su carrera en solitario con Capitol.

Sus primeros discos en solitario no tuvieron demasiado éxito. *Hand Sown...Home Grown* (1969) y *Silk Purse* (1970), se acercaban más al country. En 1971, publicaba su álbum homónimo, un disco que marcaría un antes y un después en su carrera. Fue allí donde conoció a los músicos que más tarde se convertirían en los Eagles y se introdujo en el soft-rock. Entre los compositores de sus canciones, Jackson Browne, Neil Young y Eric Anderson, que seguían manteniendo sus lazos con el folk rock. Linda Ronstadt siempre se supo rodear de buenos compositores que le proporcionaban los temas que ella misma no escribía pero que tan bien sabía adaptar a su voz. En 1973 publicó su primer disco con Asylum, *Don't Cry Now*, fue un gran éxito. Pero nada comparado con su siguiente trabajo de 1974, *Heart Like a Wheel.* Era el disco que le debía a Capitol, un tremendo éxito en el que su sonido se perfeccionó. Versiones como "You're No Good" o "When Will I Be Loved", se convirtieron en sus mejores canciones.

Linda Ronstadt consiguió siempre dar nueva vida a canciones de otros, tanto éxitos del rock and roll de los cincuenta, temas de la Motown o de R&B. Algo que siguió practicando en sus posteriores trabajos como *Prisoner in Disguise* (1975), *Hasten Down the Wind* (1976) y *Simple Dreams* (1977) que se acercaba más al rock. Este último incluía "Tumbling Dice" de los Rolling Stones o "Poor Poor Pitiful Me" de Warren Zevon.

En *Living in the USA* (1978), Ronstadt se acercó a la New Wave con la versión de "Alison" de Elvis Costello. Un camino que siguió en su disco de 1980 *Mad Love*. Aunque sus posteriores discos no tuvieron tanto éxito, cambió de rumbo y debutó en Broadway con *Pirates of Penzance* y su posterior película. A partir de entonces se movió entre los estándares pop con discos como *What's New* (1983), *Lush Life* (1984) o *For Sentimental Reasons* (1986). Volvió a sus raíces country grabando su álbum *Trio* con Dolly Parton y Emmylou Harris y se lanzó a la canción latina con *Canciones de Mi Padre* de 1987, un éxito sorprendente para un disco de canciones tradicionales mexicanas que repitió de nuevo con *Más Canciones* en 1991. Desde entonces ha publicado discos de pop, un álbum infantil, ha colaborado con The Chieftains y publicó su autobiografía *Simple Dreams: A Musical Memoir*. Su último disco data de 2007, *Adieu False Heart*. Entonces anunció su retirada aquejada de la enfermedad de Parkinson.

The Runaways

La furia juvenil

1975-1979
Los Ángeles

Aunque muchas veces se les achacado ser un grupo prefabricado por Kim Foley, no se puede negar su importancia para la historia del rock. The Runaways fueron uno de los primeros grupos de rock totalmente femeninos.

Cuando formaron la banda apenas sabían tocar, su sonido adolescente podría considerarse casi amateur pero su mezcla de glam, hard rock y punk rock creó escuela. A pesar de que la prensa se mofó de ellas, gracias también a la estrategia de marketing de Fowley, la formación jugó un papel importante en el imaginario de la mujer rockera y no solamente como fantasía adolescente del público masculino. Las mujeres rockeras y agresivas eran una excepción en aquella época pero con su disco de debut, la banda consiguió demostrar que las mujeres, incluso las adolescentes, eran capaces de cantar y tocar con rabia e intensidad. El tiempo ha conseguido reivindicar su lugar en la historia del rock como las pioneras que fueron.

En 1975 Kim Foley decidió montar una banda femenina de rock cuando se cruzó con Kari Krome, una compositora adolescente. Krome siempre se mantuvo alejada de los focos pero escribió la mayoría de las canciones de la banda. Ella presentó a Fowley y Joan Jett. Muchos dicen que la idea de montar el grupo fue de Foley y otros de la propia Jett. Tampoco importa. La banda la formaron Jett a la guitarra, Sandy West a la batería, Lita Ford a la guitarra, Jackie Fox al bajo y Cherie Currie a las voces.

En 1976 publicaron su disco homónimo. Fowley jugaba su papel de Svengali controlador de la banda mientras las chicas se dedicaban a cantar sobre sexo y alcohol. Aunque su primer disco tuvo buena críticas, pronto la prensa empezó a cebarse con ellas y parecía que nadie las tomaba en serio. Eran una broma inventada por la mente perversa de Fowley. *The Runaways* mostraba el talento en ciernes de sus miembros. Sus discos no parecían despegar y las emisoras de radio eran reacias a programar su música. No sabían que hacer con un grupo como este. Aún así, en Japón triunfaban con una gira en grandes estadios que agotaba entradas, "Cherry Bomb" era un hit y publicaban *Live in Japan* un disco que no vio la luz en los Estados Unidos.

Poco después de volver de Japón los problemas internos en la banda empezaron a florecer. Jackie Fox abandonó el grupo, Currie también hizo lo propio y Joan Jett ocupó su lugar tomando el liderazgo. Aún quedaba la potencia de la guitarra de Ford y Jett supo suplir a la perfección a Currie. Vicki Blue fue bajista en su tercer disco *Waitin' for the Night*. Fowley abandonó el barco por falta de interés poco después aunque en 1987 intentó reflotar la marca sin sus principales protagonistas para aprovecharse del éxito de Joan Jett y Lita Ford en solitario. *And Now...The Runaways* de 1978 fue el último disco de la banda. Un año después se separaban. Ford y Jett fueron las únicas que continuaron su carrera con éxito.

S

Savages

La fiereza de la nueva savia post-punk

2011
Londres, Inglaterra

Herederas de grupos como The Slits, Savages han sido comparadas con cantantes como Siouxie Sioux o PJ Harvey, pero han conseguido un sonido propio y fresco. Abanderadas del revival post-punk con sus guitarras agresivas y ruidosas, este grupo de cuatro chicas ha sido una de las sensaciones de la escena inglesa en los últimos años. Con apenas dos discos han conseguido traspasar las fronteras de su país. Su música es cruda y brutal y han llegado para dejar huella.

El grupo se formó en 2011 cuando la guitarrista Gemma Thompson y la cantante Camille Berthomier, conocida como Jenny Beth, decidieron formar una banda. Ayse Hassan se unió posteriormente a ellas al bajo y Fay Milton a la batería. En enero de 2012 actuaron por primera vez como teloneras de British Sea Power. Sus directos hicieron que el mánager de Sigur Rós se fijara en ellas y las fichara. A través del sello indie Pop Noir editaron un doble single con los temas "Flying to Berlin" y "Husbands", su canción más emblemática. Ya entonces fueron comparadas con bandas como los controvertidos Public Image Ltd. de John Lydon. Sus incendiarios directos ayudaron a que su fama creciera como la espuma.

Tras lanzar el single "I Am Here" en 2012, Matador las fichó y publicaron al año siguiente su primer disco, *Silence Yourself*. Un trabajo ardiente y agresivo, una declaración de intenciones. Es indudable el magnetismo y el talento de sus composiciones, reforzadas con la voz de Beth. Era un debut prometedor.

En 2014 publicaron un disco junto a la banda japonesa de noise rock Bo Ningen. *Words to the Blind* son 37 minutos y medio de experimentación sonora. Una batalla sónica entre ambas bandas. Su último trabajo hasta la fecha es de 2016, *Adore Life*. Un disco más vitalista que sigue siendo igualmente oscuro y que parece influenciado por la gira que hicieron junto a Michael Gira y sus Swans. El cantante les ha declarado su admiración. *Adore Life* es álbum lleno de violentas canciones de amor tocadas y cantadas de forma agresiva y que vuelve a demostrar que Savages es una de las grandes promesas del rock.

The Shangri-Las

El melodrama adolescente hecho canción

1963-1969
Nueva York

Cuando uno piensa en pedales que se pisan a fondo, amores desaforados, huidas y carreteras peligrosas, le vienen a la mente estas reinas del melodrama adolescente. The Shangri-Las fueron uno de los grandes grupos femeninos que surgieron en los cincuenta y sesenta. Sus pantalones de cuero y sus historias de desamor las lanzaron a la fama. A diferencia del resto de formaciones, The Shangri-Las adoptaron un tono más oscuro en sus canciones, incluso un poco más adulto. Sus temas hablaban de motoristas muertos en accidentes de tráfico, adolescentes a la fuga y amores malditos. Sus melo-

días se acercaban al melodrama con toques de música clásica y recitados efectistas con una producción exquisita, original y muy cuidada. Su imagen también fue rompedora, las chicas con pantalones de cuero y botas altas se alejaban de la imagen dulce que otras formaciones ofrecían.

El grupo lo formaban dos pares de hermanas de Queens, Marge y Mary Anne Ganser y Mary y Betty Weiss. The Shangri-las empezaron a cantar juntas en el instituto y en concursos locales. Antes de conocer al productor que las hizo famosas, ya habían grabado un par de singles sin demasiado éxito. Fue George "Shadow" Morton quién les dio su primer hit con un tema oscuro que había escrito él mismo, "Remember (Walkin' in the Sand)". En él ya se apreciaban los toques que caracterizaron su música y que las diferenció de otras formaciones: los recitados, el drama, un toque operístico en las melodías, sonidos de ambiente (en este caso gaviotas, más adelante las famosas motocicletas) y palmadas rítmicas.

Fue junto a Morton y el sello Red Bird cuando The Shangri-Las verdaderamente empezaron a despuntar. "Remember" llegó directo al número cinco en las listas pero fue sin duda su siguiente trabajó el que realmente las catapultó a la fama. También confirmaban su relación con el dúo formado por Jeff Barry y Ellie Greenwich, compositores del Brill Building que compusieron casi todas sus canciones. "Leader of the Pack" fue el tema que las hizo famosas, con esa abertura con el rugir de una motocicleta y el in crescendo de cristales rotos anunciando un nuevo drama. Era la historia de amor imposible entre unos modernos Romeo y Julieta, él un motorista y ella, una joven inocente que quiere salvarle a través de su amor. Una historia imposible, una tragedia en ciernes que fue directa al número uno de las listas. Todo ello cantado desde un sentido del melodrama justo y acertado.

En los años siguientes consiguieron algunos éxitos más con nuevas historias trágicas de desamor como su último Top 10, "I Can Never Go Home Anymore", en esta ocasión es la madre de la protagonista la que muere cuando su hija huye con su enamorado. Curiosamente, algunos de los mejores temas del grupo son los menos conocidos, como ese monólogo casi sombrío de "Past, Present and Future". Sin embargo, nunca volvieron a alcanzar el éxito de sus primeras canciones.

The Shangri-Las también ofrecían una imagen muy diferente del resto de bandas, coreografiaban sus letras y vestían pantalones de cuero ajustados y botas altas, algo bastante sorprendente para aquella época. Tenían una imagen menos inocente y más cercana al de chicas malas que narraban sus canciones. En un entorno en el que la individualidad brillaba por su ausencia y en el que las chicas podían ser intercambiadas en las bandas como si nada, The Sangri-Las destacaban por encima del resto de grupos. Como suele pasar en estas ocasiones, los grandes éxitos no reportaron grandes beneficios para el grupo que cambió de sello a Mercury a finales de los sesenta para desaparecer poco después. Aún así, las motos rugiendo al viento y sus historias oscuras marcaron un estilo diferente en una época en la que se explotaban hasta la extenuación los estereotipos.

The Shirelles

La voz de los sueños adolescentes

1958-1982
Passaic, Nueva Jersey

Quizás no fueron las primeras, pero The Shirelles crearon el sonido que caracterizaría a todos los grupos femeninos de la era del rock, con su armonía de voces bañada en la suave mezcla de pop-rock y R&B. Fueron una explosión musical. Su éxito no tenía precedentes. Fueron el primer grupo femenino de color que alcanzó los primeros puestos de las listas. Lo hicieron

porque se convirtieron en la voz de los adolescentes. The Shirelles se granjearon una legión de fieles seguidores, sobre todo entre el público más joven, que veían en sus canciones el reflejo de su vida. Ellas pusieron voz a las historias de amor y desamor que poblaron los sueños adolescentes a finales de los cincuenta y principios de los sesenta.

Doris Coley, Addie "Micki" Harris, Shirley Owens y Beverly Lee eran cuatro amigas estudiantes de instituto, que un día decidieron montar su propio grupo. Fue un juego, un entretenimiento sin ninguna ambición. En aquel entonces se llamaban The Poquellos y actuaban en fiestas de su instituto. Una compañera de clase convenció a su madre para que les echara un vistazo. Florence Greenberg era dueña de Tiara Records. Con ella y ya como The Shirelles grabaron su primer éxito en 1958, un tema escrito por ellas mismas titulado "I Met Him on a Sunday". Gracias a este single Greenberg pudo lanzar su legendario sello Scepter.

Para trabajar con The Shirelles, Greenberg trajo al productor y compositor Luther Dixon, que había escrito canciones para Perry Como o Nat King Cole, entre otros. Su primer trabajo con ellas fue "Tonight's the Night", una canción escrita por Shirley Owens en la que ella misma narra los nervios de una joven adolescente preparándose para su gran cita. Fue la tarjeta de presentación perfecta para su siguiente tema "Will You Love Me Tomorrow", escrita por Gerry Goffin y Carole King. Fue el primer hit del famoso dúo de compositores. En ella narraba el después de aquella primera cita y sus consecuencias. Luego vinieron los éxitos sucesivos, contando con King y Goffin también como compositores en "Soldier Boy" o con Burt Bacharach y Hal David en "Baby It's You". Su suerte cambió cuando Dixon se marchó de Scepter. La magia se había roto. Sus siguientes trabajos no alcanzaron las cotas de perfección de sus anteriores éxitos.

El grupo siguió grabando con la discográfica hasta 1968 a pesar de no ver los beneficios directos de sus canciones y enfrentarse a la compañía por ello. El contrato obligaba. Cuando por fin pudieron liberarse, los Beatles ya habían llegado para arrasar con todo. Aunque The Shirelles grabaron en diferentes discográficas, sin mucho éxito, y actuaron en directo durante los siguientes años, nunca recuperaron la magia de sus primeras canciones. En 1968 Doris se retiró y el resto siguió como trío, pero ya no sería lo mismo. La muerte de Micki Harris en 1982 significó el fin definitivo para el grupo.

Michelle Shocked

La rebelde inquieta

24 de febrero de 1962
Dallas, Texas

Una de las cantantes más comprometidas de su generación, siempre usó el escenario para trasladar su mensaje político, sus inquietudes y preocupaciones. Michelle Shocked fue una anti-sistema que intentó vivir la música como algo más que un medio para conseguir la fama o vender discos. Trasladar un mensaje comprometido no tenía porque estar reñido con la calidad de la música, y eso, Michelle Shocked lo consiguió. Lástima que sus problemas personales impidieran que el mensaje llegara con toda la claridad que se merecía.

La madre de Michelle Johnston era mormón fundamentalista mientras su padre prefería vivir sin preocupaciones y escuchar música folk. Fue él precisamente quien la introdujo en el blues y el country de músicos como Leadbelly, Doc Watson y Guy Clark. En 1977 cansada de las limitaciones que le imponía su madre, huyó de casa y se fue a Austin con su padre. Allí empezó a componer canciones y a moverse por la escena folk underground. Después de dejar la universidad, se trasladó a vivir a San Francisco y se unió a la comunidad punk, aunándolo con el folk en sus interpretaciones. También allí fue internada por primera vez en una unidad psiquiátrica. Su madre, preocupada por el estilo de vida de su hija, decidió de vuelta a casa meterla contra su voluntad en otro hospital psiquiátrico. Fue declarada sana milagrosamente en cuanto el seguro médico de su madre se agotó.

Fue en aquel momento cuando Shocked dejó Texas y se trasladó a Nueva York. Estaba cansada de que otros decidieran que era mejor para su vida. Metida de lleno en el movimiento squat, Shocked se sintió como en casa. En 1984 se mudó a Amsterdam y no volvió a los Estados Unidos hasta dos

años después para participar en el Kerrville Folk Festival. Fue allí donde el productor Pete Lawrence quedó impresionado ante una de sus actuaciones y la grabó con su walkman. La grabación se convirtió en su primer disco *The Texas Campfire Tapes* publicado por Cooking Vinyl y que fue un éxito inesperado en las listas independientes.

Este repentino éxito le ayudó a fichar por Mercury Records en 1988. Su segundo disco, *Short Sharp Shocked* combinaba a la perfección el folk de su primer disco con una visión feminista de la vida y una actitud totalmente punk. Nacía una de las mejores representantes del anti-folk. En 1989, Shocked dejaba atónitos a sus fans con *Captain Swing*, un disco en la onda de las big bangs de swing de los cuarenta. En 1992 con *Arkansas Traveler* se iba a la música de raíz americana. En 1993, Mercury se cansó de sus continuos cambios de género y rechazó publicar su disco, *Kind Hearted Woman*. Shocked decidió publicarlo de forma independiente y venderlo ella misma en sus conciertos. Dos años después inició su batalla legal contra Mercury para romper su contrato. Sus siguientes trabajos fueron publicados de forma independiente y vendidos en sus conciertos.

En 2002 reapareció con *Deep Natural*, un disco de gospel que sacó en su propio sello Mighty Sound y consiguió reeditar su catálogo recuperándolo de Mercury. En 2005, Shocked lanzó tres discos el mismo día, *Don't Ask, Don't Tell*, *Mexican Standoff* y *Got No Strings* que más tarde salieron juntos como *Threesome*. *Soul of My Soul* de 2009 es su último trabajo. Su errático comportamiento y sus problemas mentales han marcado lamentablemente los últimos años de su carrera. Saliendo más en la prensa por sus exabruptos y conciertos suspendidos que por sus méritos artísticos. Una lástima.

Nina Simone

La diva que dio voz a los oprimidos

21 de febrero de 1933 – 21 de abril de 2003
Tryon, Carolina del Norte - Carry-le-Rouet, Francia

Nina Simone siempre ha desafiado las categorías. Era imposible encasillarla. Su voz cantó jazz, blues, canción protesta, gospel, pop y rock, cambiando de género con naturalidad y manteniendo su fuerte personalidad. Para ella el jazz era música clásica negra y desdeñaba que la compararan con Billie Holiday porque creía que lo único que las hacía iguales era el color de su piel. Luchadora incansable por los derechos civiles, su música fue su mejor arma. A todo esto hay que sumarle una voz prodigiosa y ecléctica y sus dotes como pianista y compositora. Su vida no fue fácil, pero era una superviviente nata. Nina Simone tenía una personalidad arrolladora y un genio que no tenía parangón. Nadie le hacía sombra. Su legado musical es incalculable.

Eunice Kathleen Waymon era hija de una ministra metodista y un predicador. Superdotada para la música, a los tres años tocaba el piano y poco después acompañaba a su madre en sus sermones en la iglesia. Aunque le prohibieron tocar melodías que no fuesen destinadas al señor, el destino tenía preparado para Eunice algo muy diferente. Su madre trabajaba como empleada en una casa y cuando sus jefes escucharon tocar a Eunice decidieron pagarle clases de piano. Así conoció a los clásicos: Bach, Beethoven, Brahms o su favorito, Chopin. Pronto recibió una beca para estudiar en la Juilliard School of Music en Nueva York y se presentó a la prueba para el Curtis Institute of Music en Philadelphia. No la pasó a pesar de su espectacular interpretación, siempre creyó que la rechazaron por su color.

En 1954 empezó a trabajar como pianista y cantante en el Midtown Bar & Grill de Atlantic City. Siempre quiso ser pianista y nunca se planteó cantar pero era un trabajo y le daba de comer. Fue entonces cuando nació Nina Simone, Nina como le llamaba su pareja y Simone por Simone Signoret. Cantando clásicos, jazz y blues pronto se ganó una audiencia fiel que llenaba el local todos los días para verla. En 1957, Syd Nathan de King Records le ofreció un contrato para su filial de jazz Bethlehem. Simone demostraba ya su carácter insistiendo en escoger el repertorio de sus trabajos. Los problemas empezaron cuando descubrió que le habían hecho renunciar a

su derecho a royalties. En 1959 se marchó a Colpix. Con ellos publicó su segundo trabajo, primer directo de muchos, *Nina Simone at Town Hall*. En los directos era donde su fuerza expresaba todo su talento. Sus discos para Colpix incluían estándares, blues, pop y mostraban su querencia por la variedad de estilos.

En 1964, Simone firmó con Philips. Abrió un nuevo camino musical empezando a tratar temas en sus canciones que antes no había tocado. Los derechos civiles estaban en plena lucha y ella se convirtió en una de las voces más importantes del movimiento. Canciones como "Mississippi Goddam", "Four Women" y "Young, Gifted and Black" son prueba de ello. En aquellos días también grabó su versión del "I Put a Spell on You" de Screamin' Jay Hawkins, otro de sus clásicos.

Tras grabar siete discos para Philips, en 1967 se pasó a RCA donde publicó uno de sus mejores trabajos *Nina Simone Sings the Blues*, una colección exquisita de estándares del blues. Con RCA también se introdujo en el pop contemporáneo, el rock y el soul. En 1970 abandonó Estados Unidos, se divorció de su marido y mánager y se instaló temporalmente en Barbados. Cansada y hastiada, su desilusión ante la política americana y su rechazo a pagar impuestos como protesta por la Guerra de Vietnam hizo que se autoexiliara a Europa. Nunca más vivió en el país que la vio nacer.

Durante unos años se dedicó a viajar y a dar conciertos de forma ocasional. De 1974 a 1978 no pisó un estudio de grabación. Parecía no sentir esa necesidad de actuar, prefería quedarse en casa tocando el piano. Pero en 1987 su carrera resurgió en Europa y volvió a gozar del favor del público. En 1990 publicó su sentida autobiografía *I Put a Spell on You*. Volvió a girar por EEUU y sacó para Elektra Records *A Single Woman* en 1993.

En 1995 su irascible carácter era noticia, se peleó con un vecino en su casa de la costa francesa al que le disparó sin acertar. Era la época del declive, era diagnosticada bipolar y muchos empezaban a entender algunos de sus episodios abruptos de mal carácter y salidas de tono. Aunque siguió tocando en directo, sus actuaciones eran esporádicas, su salud le pasaba factura y en 2002 se le detectó un cáncer de mama que acabó con su vida un año después. Ironías de la vida, hacía pocos días que el Curtis Institute de Philadelphia, que la había rechazado en 1953, le había concedido su título honorífico.

Siouxsie Sioux

La princesa del punk

27 de Mayo de 1957
Kent, Inglaterra

Siouxsie Sioux no fue simplemente una de las representantes más importantes del punk británico sino también una precursora de los movimientos gótico y New Wave. Su personalísima voz y su dramatismo iban acompañados de una imagen poco usual y característica que desafiaba la moral puritana inglesa y que miles copiaron después. Sus letras oscuras fueron un contrapunto a otras voces femeninas más luminosas de aquella época, un viaje a lo oscuro y desconocido. Pero además, con su banda Siouxsie and The Banshees consiguió algo que pocos grupos de punk alcanzaron, mantenerse activos y con éxito durante más de 20 años.

Siouxsie Sioux nació como Susan Janet Ballion. Era apenas una adolescente cuando los Sex Pistols irrumpieron en la escena inglesa con su punk rabioso. Susan fue uno de los miembros del Bromley Contingent, un grupo de fans que seguía a los Pistols allá donde tocaran. Con 19 años se subió al escenario por primera vez en el 100 Club Punk Festival para cantar junto a Marco Parroni, Sid Vicious y Steve Severin. Tomaron su nombre del clásico del terror protagonizado por Vincent Price, *The Cry of the Banshee* y Susan

se transformó en Siouxsie gracias a su pasión por la tribu india. Aunque esta formación duró poco, la banda continuó con Siouxsie y Severin como fuerzas motoras. En sus primeras encarnaciones, Siouxsie ya mostraba su característica imagen vestida de negro y con maquillaje dramático. Aunque posteriormente abandonó esa otra imagen junto al Bromley Contingen, enseñando los pechos y vestida con imaginería nazi.

Un año después de su debut sobre el escenario, Polydor fichó a la banda y publicaron su primer single "Hong Kong Garden" en agosto de 1978. Le siguió ese mismo octubre su disco de debut, *The Scream* con el que alcanzaron los primeros puestos de las listas británicas. En 1979 publicaron *Join Hands*, un disco que evidenciaba el cambio de tendencia en la banda. Del punk más salvaje a temas más bailables y oscuros, precursores del movimiento gótico. Se produjeron varios cambios en la formación, Robert Smith de The Cure fue un miembro intermitente de la misma. Pero se mantuvo fijo el batería Budgie, que había tocado con Slits y que formó más tarde junto a Siouxsie The Creatures. En 1980 salió a la luz *Kaleidoscope*, un disco más melódico.

En 1981, un psicodélico *Juju* alcanzó el Top Ten inglés y la imagen de Siouxsie se afianzaba más en ese lado oscuro y misterioso que avanzó la New Wave. Además incluyó el tema que se convirtió uno de sus clásicos, "Spellbound". En 1982 publicaron un disco más experimental, *A Kiss in the Dreamhouse*. Dos años después llegaba el turno de *Hyaena*, un disco atmosférico que seguía la estela gótica y oscura tanto en su sonido como en sus letras. En 1986 y con *Tinderbox* por fin alcanzaron las listas americanas gracias al single "Cities in Dust". Un año después publicaron su disco de versiones *Through the Looking Glass*.

En 1988 evolucionaron hacia el techno con *Peepshow*. Tres años después inauguraron el Lollapalooza. En 1995 la banda retornaba tras una larga ausencia con *The Rapture*, un disco producido en parte por John Cale. Tuvieron la mala suerte de coincidir con el resurgir del punk y la reunión de Sex Pistols y aunque Siouxsie and the Banshees llevaban más de 20 años en activo, se les acusó de oportunistas. La banda se separó poco después y Siouxsie se centró en The Creatures junto a su ahora ya marido Budgie. En 2007 publicó su primer disco en solitario, *Mantaray*.

Sleater-Kinney

La fiereza del punk feminista

1994
Olympia, Washington

Este trío originario de Olympia fue uno de los puntales del movimiento alternativo a finales de los noventa. Sleater-Kinney mantuvieron siempre unos principios inamovibles tanto a nivel ético como en lo que a su música se refería. El mensaje era lo importante: hacer pensar y defender la igualdad con un grito feminista descarnado acompañado por melodías punk de indudable fiereza.

Esto las convirtió en una de las bandas más respetadas de los noventa. Sin querer dar el salto a las grandes discográficas, siempre mantuvieron su independencia y el control sobre su trabajo. Su exitoso retorno tras 10 largos años de ausencia sirve para demostrar que su música marcó a toda una generación de punk rockeras.

Corin Tucker y Carrie Brownstein se conocieron en 1992 mientras estudiaban en el Evergreen State College de Olympia. Ya por entonces tocaban en bandas del llamado movimiento riot grrrl. La conexión fue inmediata, musical y sentimentalmente, ambas empezaron a escribir canciones juntas como un proyecto paralelo a sus propias bandas. Así nació Sleater-Kinney. En 1994 se fueron a Melbourne, Australia, para grabar con la batería Lora McFarlane. Eran amigas por carta y nunca se habían conocido en persona. Toda una aventura. Con ella y en una noche grabaron su álbum homónimo. Caracterizaron su primer lanzamiento un sonido crudo y directo y unas letras rompedoras contra el abuso sexual o el sexismo imperante en el mundo del rock.

En 1996 *Call the Doctor* las consagró en el mundo del underground y el rock independiente. Entonces apareció Janet Weiss, la batería definitiva de la banda, la que le dio un nuevo sentido a su sonido. Algo que se puede escuchar en sus trabajos *Dig Me Out* de 1997 o *The Hot Rock* de 1999, sus dos discos más redondos. Su público aumentaba, su fama también, pero siempre desde el compromiso con el mensaje que sus canciones lanzaban. *All Hands on the Bad One* de 2000 fue su disco más accesible y *One Beat* volvió a la fiereza de *The Hot Rock* pero con un sonido más limpio. En 2003 la banda abrió para la gira de Pearl Jam, consiguiendo llegar a públicos a los que hasta entonces no había alcanzado.

2005 significó su fichaje por Sub Pop y las acusaciones sobre si se habían vendido llovieron a raudales. Publicaron *The Woods*, su álbum más experimental y donde el sonido de la banda maduró sin perder su fiereza punk, creció tras años de directos y discos cada vez más refinados. También supuso un parón indefinido en la banda que duró 10 años. El grupo lo dejaba en su momento más álgido. Mientras, Corin Tucker emprendió carrera en solitario, Janet Weiss tocó la batería en su banda Quasi y con The Jicks, el grupo de Stephen Malkmus y Carrie Brownstein se hizo famosa con la serie cómica *Portlandia*. Esta serie dio incluso más visibilidad a la banda que sus propios discos.

Después de años de retiro indefinido, la banda se juntó de nuevo para ensayar, hizo algunas actuaciones esporádicas y los rumores sobre un nuevo disco corrieron como la pólvora. Tras dos años de trabajo, en 2015 publicaron su último disco, el excelente *No Cities to Love* y se lanzaron de nuevo a la carretera a tocar sus canciones en directo. Sleater-Kinney han vuelto y lo han hecho para quedarse.

Grace Slick

La voz de la psicodelia

30 de octubre de 1939
Chicago, Illinois

Jefferson Airplane fue uno de los primeros grupos en saltar de la escena de San Francisco a nivel nacional en los Estados Unidos. Aunque en un principio la banda estaba más orientada hacia el folk-rock, la entrada de Grace Slick supuso un endurecimiento de su música, más cercana al rock progresivo y psicodélico. San Francisco en los sesenta era el centro de la revolución cultural y musical de los jóvenes americanos. Los grupos que de allí surgieron lideraron ese movimiento. Contracultura, música, drogas y jóvenes se unían en esta meca hippie que era San Francisco en aquellos días. Grace Slick se erigió como una de la grandes voces de este movimiento.

Aunque nació y creció en Chicago, en los sesenta Grace Slick vivía en Palo Alto, California. En aquellos días de floreciente flower power se había casado con Jerry Slick y trabajaba de modelo. Fue en 1965 cuando Grace y su marido decidieron montar su propio grupo después de ver una actuación de Jefferson Airplane en el Fillmore. Lo llamaron Great Society. Grabaron dos discos que se publicaron una vez que Slick ya había alcanzado la fama con los Airplane. El grupo duró poco.

Cuando Signe Toly Anderson dejó Jefferson Airplane para cuidar de su hija, la banda le pidió a Grace Slick que ocupara su lugar como cantante. No sé lo pensó dos veces. Con ella se trajo dos temas que había grabado con su anterior banda y que se convirtieron en verdaderos himnos del rock: "Somebody to Love", una oda al amor libre y "White Rabbit", una de las composiciones de Slick plagada de referencias a las drogas y los paisajes surrealistas de *Alicia en el País de las Maravillas*. Ambas canciones formaron parte del segundo disco de Jefferson Airplane y el primero con Slick, *Surrealistic Pillow*. Las dos alcanzaron el Top Ten en 1967.

Grace Slick se convirtió en el centro de Jefferson Airplane gracias a su icónica voz y su fuerte presencia sobre el escenario. Destacaba la intensidad de sus actuaciones. El amalgama de influencias de los miembros de la banda ayudó a crear su sonido único: desde el folk del que provenía Paul Kantner, el blues de Jorma Kaukonen, la querencia de Jack Casady por el R&B, el batería Spencer Dryden proveniente del jazz y las voces de Marty Balin y Grace Slick, en sus diferentes acercamientos al rock. Entre 1967 y 1971 facturaron algunos de los discos fundamentales de rock de la década. A partir de entonces, los miembros de la banda empezaron a publicar discos en solitario.

Kartner y Slick se casaron y en 1972 con la marcha de algunos de los miembros originales, Jefferson Airplane se convirtió en Jefferson Starship y posteriormente en Starship. Aunque consiguieron mayor éxito comercial, la calidad de sus canciones fue decreciendo. Mientras, Grace Slick también florecía en su carrera en solitario. Aunque en 1988 dejó la banda y en los noventa abandonó su carrera musical para dedicarse a su otra gran pasión, la pintura.

The Slits

Pioneras del punk rock inglés

1976-1981
Londres, Inglaterra

The Slits fueron una de las bandas femeninas más importantes del punk rock a finales de los setenta en Inglaterra. Su música ha influido a muchas riot grrrls y rockeras posteriores. Sus inicios fueron los de un grupo valiente, que se atrevía a tocar sin apenas saber como hacerlo. En su primer tour Mick Jones solía afinarles las guitarras. A pesar de su corta existencia, pronto se convirtieron en una banda de culto.

El grupo se formó en 1976 cuando unas adolescentes Ari Up (Arianna Forster) y Palmolive (Paloma Romero) decidieron formar un grupo tras ver a Patti Smith actuar en en Londres. Ari tenía a John Lydon de padrastro. Eso ya da una pista de por donde iría la música de la banda. Apenas sabían tocar dos o tres acordes pero aún así consiguieron lanzarse a la aventura. En 1977 telonearon a The Clash en su gira por Inglaterra. Algo que les brindó visibilidad y su billete hacia el estrellato en la escena punk rock. Hay muy pocas grabaciones de esos primeros años de existencia de la banda, a parte de algunas sesiones para el programa de John Peel en la BBC. En ellas ya se podía escuchar la crudeza de sus composiciones.

En 1979 lanzaron su primer disco producido por la leyenda del reggae Dennis Bovell. Las guitarras rabiosas de sus primeros temas fueron sustituidas por ritmos reggae. *Cut* fue publicado por Island Records. En aquel disco Palmolive no era miembro y Viv Albertine ya formaba parte de la banda. Esta última había tocado en The Flowers of Romance junto a Sid Vicious antes de unirse a The Slits.

Cut es considerado uno de los discos más importantes del punk rock inglés. Un trabajo claro ejemplo de la libertad creativa de la banda, del espíritu hazlo tú mismo y de la rabia y potencia del grupo. Su siguiente trabajo,

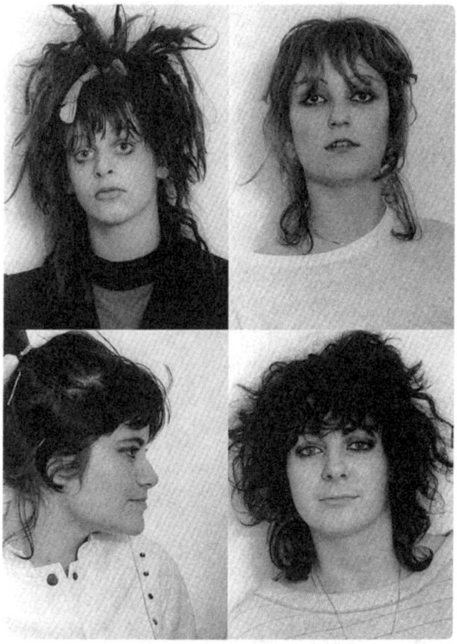

Return of the Giant Slits de 1981, fue mucho más experimental y la banda se atrevió a probar nuevos sonidos. Su interés por otras sonoridades alejadas del punk rock hizo que no se las viera como una banda más de la escena. Tampoco les importaba, su único interés era romper barreras y eso lo consiguieron de sobras.

The Slits se separaron en 1981. Up se unió a The New Age Steppers. Mientras, Albertine abandonó la música durante 25 años hasta volver a emprender carrera en solitario con el EP *Flesh*, publicado en el sello Ecstatic Peace de Thurston Moore. Up volvió a despertar a The Slits en 2005 con nuevos miembros. El grupo sacó un EP *Revenge of the Killer Slits* en 2006 y un nuevo disco tres años después, el primero en 28 años, *Trapped Animal*. Por su parte, Albertine se unió a la banda durante algunos conciertos en 2008. En 2012 publicó su primer disco en solitario *The Vermilion Border* que incluía un tema junto a Mick Jones, "Confessions of a MILF". En 2013 editaba sus memorias *Clothes Clothes Clothes Music Music Music Boys Boys Boys* sobre su vida en la escena punk rock. Up murió en 2010 a la edad de 48 años.

Bessie Smith

La emperatriz del blues

15 de abril 1894 - 26 de septiembre 1937
Chattanooga – Clarksdale

Aunque Ma Rainey fue la primera cantante de blues conocida, fue su protegida Bessie Smith la que sobrepasó su fama para convertirse en leyenda. Smith está considerada la mejor cantante de blues de todos los tiempos. Las raíces del rock y de lo que muchas cantantes harían en años venideros se sustentan en caracteres y voces como los de Bessie Smith. Poderosa, vir-

tuosa y única en su género, Smith fue una verdadera entertainer que además de cantar, bailaba, actuaba e incluso hacía reír al público. En sus tiempos, Bessie Smith no tenía rival posible. Ningún otro músico de color alcanzó una fama tal como la suya. Fue incluso una de las artistas mejor pagadas de su tiempo, por encima de sus compañeros de profesión.

Bessie Smith escapó de la pobreza gracias al show business. Se enroló en la Moss Stokes Company, una troupe de farándula. Allí conoció en 1912 a su mentora en el blues, Ma Rainey. En 1923 firmó contrato con Columbia y vendió miles de copias de su primer éxito "Down Hearted Blues". Había nacido una estrella. Con los años de la Depresión y el declive del blues, su estela pareció apagarse, pero Smith no cejó en su empeño y siguió el camino de la música.

Más allá del éxito de sus canciones, que lo tuvo sin duda, la música de Bessie Smith cantaba a la liberación de la mujer, a un estilo de vida nacido del sur y a una forma de vivir adelantada a su tiempo. En eso ella también fue pionera.

Su carrera dejó atrás un legado de cientos de grabaciones truncado por un accidente de tráfico en 1937. Iba camino de un concierto. Diez años apenas en los que Bessie Smith marcó los pasos a seguir, una forma de cantar y de sentir el blues. Cantantes como Billie Holiday, Aretha Franklin o Janis Joplin le deben mucho a esta mujer que sabía llenar el aire que respiraba con melodías gloriosas.

Patti Smith

La poetisa del rock

30 de diciembre de 1946
Chicago, Illinois

Si hay una mujer que simboliza el rock, esa es Patti Smith. Poeta, cantante, compositora y artista, sobre todo, artista. Se ha convertido por derecho propio en figura clave de la música y una de las personas más influyentes del rock. Comprometida con su arte, atrevida, irreverente, única y poco convencional, Patti Smith no dudó nunca en mezclar sus dos grandes pasiones, la música y la poesía. Fervorosa admiradora tanto de Jimi Hendrix, Dylan o Jim Morrison como de los poetas Charles Baudelaire o su adorado Arthur Rimbaud, su música ha bebido con naturalidad de las canciones más desgarradoras y los versos más penetrantes. Ella fue una de las pioneras del floreciente movimiento punk rock en Nueva York. Habitual del CBGB, Smith fue también la primera artista surgida de su incendiario escenario que consiguió un contrato discográfico. Mezclando el arte y su poca experiencia como cantante, casi una amateur, Smith consiguió dejar su marca en la historia del rock, pero también en sus contemporáneos y en las generaciones posteriores. *Horses* es sin duda uno de los grandes discos de la historia de la música. Su voz, su música y su presencia escénica, hipnótica, poética, descuidada y andrógina transmiten emociones que pocos artistas han conseguido transmitir.

Patti Smith ha alcanzado el estatus de icono y no sólo para todas las mujeres que se han subido alguna vez encima de un escenario a cantar, sino también para cualquier músico independientemente de su sexo. Siempre se consideró una artista, no una mujer que canta o que escribe canciones. Una artista sin distinción de género, sin prejuicios, sin llevar su imagen como estandarte porque la imagen no importa, importa la canción, la poesía que hay en ella y la música. No se entendería la historia de la música tal y como la conocemos hoy en día sin su gran aportación.

Patti Smith nació en Chicago aunque se trasladó con su familia a temprana edad a una pequeña ciudad de Nueva Jersey. Un sitio donde no tenía nada que hacer y en el que sus anhelos artísticos se nutrían de poesía y clásicos del rock and roll. Dejó el instituto tras quedarse embarazada y dar al bebé en adopción. Era demasiado joven y con demasiada vida por delante. Poco después empezó a trabajar en una fábrica y con lo que ahorró decidió mudarse a la gran ciudad en busca de su camino. Nueva York la esperaba con los brazos abiertos. Allí conoció al que sería su gran amigo y cómplice, el fotógrafo Robert Mappelthorpe. Él inmortalizaría su imagen andrógina para las portadas de sus discos. Ambos vivieron en el Chelsea Hotel, epicentro cultural en el que todo artista que pisara la ciudad se encontraba alguna vez. Empezó a relacionarse con el teatro underground y tras conocer a Sam Shepard escribieron en 1971 la obra *Cowboy Mouth*.

Durante todo ese tiempo, Patti Smith trabajó como periodista musical para *Creem* y *Rock*, pero sobre todo, no paró de escribir poesía. Fue entonces también cuando se cruzó en su camino el guitarrista Lenny Kaye, que se convirtió en su acompañante musical más fiel. La primera vez que actuaron juntos fue para su recital en la iglesia de St. Mark de febrero de 1971. Durante los años siguientes, Kaye y Smith fortalecieron su relación musical, añadiendo al pianista Richard Sohl a la ecuación. Sus espectáculos, mezcla de recital poético, música y versiones de clásicos del rock and roll fue evolucionando y creciendo.

En 1974, publicaban su primer single con "Hey Joe" un monólogo sobre Patty Hearst y "Piss Factory", donde Smith rememoraba de forma descarnada su trabajo encadenado al horario de una fábrica. Tom Verlaine de Television puso las guitarras en esa ocasión. Posteriormente, se unieron a la banda Ivan Kral al bajo y el batería Jay Dee Daughert. La escena punk rock del CBGB empezaba a florecer y a escribir sus primeras páginas en la historia del rock. Durante dos meses Patti Smith y su grupo fueron la banda de la sala. Patti empezó a cantar en vez de recitar y nació el Patti Smith Group. Clive Davis de Arista les ofreció un contrato y grabaron su primer disco producido por John Cale. En 1975 vio la luz el mítico *Horses*. Aquel día cambió la historia de la música para siempre. Un trabajo redondo mezcla de temas originales, canciones y spoken word, relatos experimentales y versiones de temas como "Gloria", que se convertiría en uno de sus clásicos. Un disco que se convertiría en un éxito de crítica y de público y que impactó

en la escena del rock de una manera que nunca se habían esperado.

Un año después publicó su segundo disco *Radio Ethiopia*, con algunas de sus canciones más rockeras pero también más experimentales. Patti Smith no empezó 1977 con buen pie, se cayó del escenario durante un concierto rompiéndose dos vértebras del cuello. Alejada de los escenarios, mientras se recuperaba escribió el poemario *Babel*. En 1978 volvió recuperada a la música con *Easter*, un disco más accesible que contenía su primer éxito en las listas radiofónicas "Because the Night". Un tema co-escrito junto a Bruce Springsteen durante la grabación de *Easter*. Coincidieron en el mismo estudio mientras el Boss grababa *Darkness on the Age of Town*.

Todd Rundgren produjo en 1979 *Wave*, su tercer disco. Se nota en la producción que es un trabajo más accesible, en el que hablaba de su relación con el guitarrista de MC5 Fred "Sonic" Smith, se casaron en 1980. Poco después, Smith se retiró cerca de Detroit para dedicarse a sus dos hijos y su familia. Lo que no dejó de hacer es escribir poesía, pero no volvió a la música hasta 1988 con *Dream of Life*, un trabajo co-escrito con su marido. Él también tocaba la guitarra en el disco que contenía otro de los himnos de Smith "People Have the Power", un clásico del rock. Este disco no significó el regreso de la cantante ya que se dedicó más a la poesía. Durante los años siguientes, Patti Smith sufrió algunas de las pérdidas más dolorosas de su vida. En 1989 murió su gran amigo Mappelthorpe, en 1990 su pianista Richard Sohl y en 1994, con apenas un mes de diferencia, su hermano Todd y su marido. Sin apenas tiempo para llorar a sus seres queridos, la vida le había golpeado duramente, la música fue su salvación y su terapia.

En 1996 reformó de nuevo el Patti Smith Group con Kaye, Dauherty, Tony Shanahan y Oliver Ray. Tras algunos conciertos, contacto con su público y recuperación de energías a través de la música, publicó *Gone Again*. Un disco que contaba con colaboraciones de Tom Verlaine, John Cale y Jeff Buckley. Volvía Patti Smith y lo hacía con más fuerza que nunca. Le siguieron un año después *Peace and Noise*, marcado por la muerte de sus dos ídolos Allen Ginsberg y William Burroughs y en 2000 *Gung Ho*. Dos años después, Smith dejó Arista y firmó con Columbia publicando su primer disco con ellos en 2004, *Trampin'*. En 2007 llegaba *Twelve*, un disco de versiones y en 2008 Smith se convirtió en la protagonista del magnífico documental de Stephen Sebring *Patti Smith: Dream of Life*.

En 2010 editó su excelente libro *Just Kids*, relato imprescindible de las sentidas memorias de su vida junto a Mapplethorpe. Dos años después Smith publicó *Banga*. Habían pasado ocho largos años desde su anterior trabajo y la cantante volvió con uno de los mejores discos de su carrera. Grabado junto a su banda, sus dos hijos Jackson y Jessi, Tom Verlaine y Jack Petruzzelli. Su última gira ha sido de homenaje a *Horses* en su 40 aniversario. Emotiva, directa y rabiosa, ha servido para demostrar que Patti Smith sigue siendo uno de los músicos imprescindibles de la historia del rock. Su último trabajo es un nuevo libro de memorias, *M Train* indispensable para conocer la figura de esta leyenda viva del rock, madre del punk rock neoyorquino, poeta laureada e icono de la música.

Ronnie Spector

Sobreviviendo a Phil Spector

10 de agosto de 1943
Nueva York, Nueva York

Ronnie Spector fue una de las mejores voces de la época dorada de los grupos femeninos. Junto a la sabiduría musical de un genio loco como Phil Spector, uno de los mejores productores de la historia, crearon el sonido de uno de los grandes grupos de la era, The Ronettes.

Veronica Bennett formó The Ronettes junto a su hermana Estelle y su prima Nedra Talley. Empezaron llamándose Darling Sisters y cantando en Bar Mitzvahs, para luego transformarse en Ronnie and the Relatives. En 1961, firmaron con Colpix Records y grabaron cuatro canciones: "I Want a Boy", "What's So Sweet About Sweet Sixteen" ,"I'm Gonna Quit While I'm Ahead" y "My Guiding Angel". Ninguna fue un éxito, pero el grupo empezó a bailar y cantar en el famoso Peppermint Lounge de Nueva York alcanzando cierta fama.

Fue Estelle quien se atrevió a contactar con el famoso productor Phil Spector. Deseaban llegar más lejos. Aunque este accedió a hacerles una au-

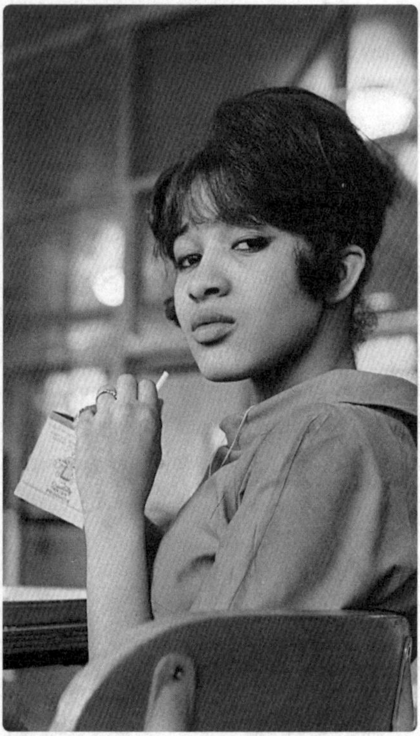

dición, puso su ojo solamente en Ronnie. La rotunda negativa de los padres de las chicas a separar al grupo obligó a Spector a ficharlas a todas. A partir de 1963 publicaron con él sus grandes éxitos "Be My Baby", "Walking in the Rain", "Do I Love You" o "I Can Hear Music". Gracias a estos temas dejaron su huella en la historia del rock. Fue su época dorada y sin duda, fueron también algunos de los mejores trabajos de Spector como productor. Canciones que giraban entorno a la voz de Ronnie. El grupo se fue de gira con los Beatles y los Stones. Pero tras un año de éxitos, su popularidad decayó y el paréntesis que Spector se tomó en su carrera significó el fin para las Ronettes.

Phil Spector empezó a separar a Ronnie del grupo desde el principio y pronto iniciaron uno de los romances más tumultuosos de la historia del rock. En 1968 se casaron y Spector la encerró en su mansión, fue prisionera de su ego maníaco. En aquel tiempo permaneció prácticamente apartada de la música. Hasta 1973 no logró escaparse de las garras de su marido.

Tras divorciarse, Ronnie Spector intentó recuperar su carrera y resucitar a las Ronettes con poco éxito. Tampoco sus esfuerzos en solitario alcanzaron al gran público, aunque logró rodearse de pesos pesados del rock. En 1976 publicó "Say Goodbye to Hollywood" escrita por Billy Joel con la E Street Band como acompañamiento. Desde entonces ha sabido rodearse de grandes estrellas del rock en sus trabajos. Joey Ramone produjo su EP *She Talks to Rainbows* en 1999. Un disco que incluía "You Can't Put Your Arms Around a Memory" de Johnny Thunders o "Don't Worry Baby", una canción que Brian Wilson, uno de sus más fervientes admiradores, había escrito especialmente para ella. Uno de sus últimos trabajos de 2006, *The Last of the Rock Stars* tenía colaboraciones de los Greenhornes, Joey Ramone, Keith Richards o Patti Smith.

Dusty Springfield

La diva inglesa del soul

16 de abril de 1939 – 2 de marzo de 1999
Londres, Inglaterra – Henley-on-Thames, Inglaterra

Amante de R&B y la música soul, Dusty Springfield fue una mujer que rompió con todos los estereotipos de la época. Era blanca y cantaba soul. Su pasión por la música de la Motown le llevó a presentar un programa televisivo en Inglaterra llamado The Sound of Motown. Muchos son los que la han señalado como la responsable de acercar a músicos como Otis Redding o James Brown o el sonido de la Motown y Stax a las audiencias inglesas. Durante su extensa carrera se atrevió con el pop, el R&B, el soul, el folk o el country. Además, fue siempre una presencia fuerte como artista, con una personalidad marcada, en unos años en los que la mujer no tenía demasiado poder en la industria musical.

Mary Isabel Catherine Bernardette O'Brien cantaba a finales de los años cincuenta en un grupo de soul llamado Lana Sisters. Fueron sus primeros pinitos profesionales en la música. En 1960 formó el trío de folk The Springfields junto a su hermano Dion y Tim Field. Con ellos tuvo sus primeros éxitos en las listas inglesas: "Island of Dreams" y "Say I Won't Be There." Incluso en 1962 consiguieron un hit en América con "Silver Threads and Golden Needles". Pero Dusty dejó el grupo cuando más éxito tenían. En 1963 emprendió su carrera en solitario cantando soul, que era lo que verdaderamente le atraía. Siempre con ese toque Motown que tanto le gustaba pasado por el filtro de su voz melosa y sus influencias inglesas.

En 1964 publicó su primer single en solitario "I Only Want to Be with You" que alcanzó los primeros puestos tanto en las listas americanas como en las inglesas. Entre los temas que cantaba, canciones de compositores americanos como Randy Newman, Burt Bacharach y Hal David o Gerry Goffin y Carole King. Su mayor hit fue "You Don't Have to Say You Love

Me". Aunque fue sin duda una de las cantantes más exitosas de su tiempo, los cambios en la industria musical y las modas hicieron que sus canciones no alcanzaran tanta fama como sus anteriores trabajos.

En 1968 firmó con Atlantic y se trasladó a Memphis para grabar junto a los productores Jerry Wexler, Arif Mardin y Tom Dowd su mejor trabajo, *Dusty in Memphis*. Un disco más orientado al R&B y en el que grabó junto a los mejores músicos de sesión del sur de los EEUU. En él estaba incluida su canción más famosa "Son of a Preacher Man", un tema que Aretha Franklin había rechazado y que devolvió a Springfield a las listas de éxitos. La perfecta combinación entre pop y soul acompañado por la voz elegante de la cantante inglesa.

Sus éxitos en décadas posteriores no fueron tan renombrados y vivió largas temporadas retirada trasladándose a vivir a los Estados Unidos. Fue en 1987 cuando resurgió. Pet Shop Boys le pidieron que colaborará en su tema "What Have I Done to Deserve This?". Dusty Springfield volvía a las listas de éxitos y accedía a toda una nueva generación de oyentes. En 1990 los propios Pet Shop Boys produjeron su excelente disco, *Reputation*. Su siguiente trabajo grabado en Nashville la acercaría al country, *A Very Fine Love*. Poco después le sería diagnosticado un cáncer. Moría en 1999 víctima de la enfermedad.

Mavis Staples

La leyenda viva

10 de julio de 1939
Chicago, Illinois

Aunque Mavis Staples empezó a cantar con sus hermanas y su padre en The Staples Singers, esta cantante de soul y R&B ha sabido crearse una carrera propia. Ella ha dado voz al soul y al gospel y se ha acercado a su lado más rockero en los últimos años, como demuestran sus colaboraciones con Ry Cooder, Prince, Jeff Tweedy o Son Little. La historia de la lucha por los derechos civiles tuvo en la voz de Mavis también a una de sus protagonistas. Hay músicos que con su arte hacen historia y Mavis Staples es una de ellos.

Mavis comenzó su andadura musical a finales de los años cuarenta junto a su padre Pop Staples y sus hermanas como The Staples Singers. Unos años después los Staples conocieron a Martin Luther King, pronto se convirtieron en la voz de la lucha por los derechos civiles. El impacto de este encuentro fue tan profundo que escribieron muchas de sus canciones durante los siguientes años en apoyo al movimiento. Ellos cantaron lo que el reverendo King predicaba en composiciones como "Freedom Highway" o "It's a Long Walk to D.C.".

En un principio, The Staples grabaron para United y Vee-Jay el gospel más clásico y espiritual del sur, llevando los sonidos de la iglesia a donde no solían escucharse. Pops y Mavis Staples compartían las tareas vocales. Aunque publicaron algunos éxitos para Epic como "Why (Am I Treated So Bad)" y la versión de Stephen Stills de "For What It's Worth" en 1967, no fue hasta 1968 cuando aterrizaron en Stax y su música dio un paso adelante. Sus dos primeros discos *Soul Folk in Action* y *We'll Get Over* estaban producidos por Steve Cropper con Booker T. & the MG's como banda de acompañamiento. Al Bell tomó las riendas de la producción y los trasladó a los míticos Muscle Shoals Studios. Allí escribieron historia de la música con sus canciones.

Mavis empezó su carrera en solitario en aquellos días en Volt, una subsidiaria de Stax. Pero no ha sido hasta las dos últimas décadas cuando ha alcanzado verdadera notoriedad entre el gran público. Mavis Staples ha sabido rodearse de buenos colaboradores, ha trabajado en sus discos con músicos de la talla de Ry Cooder y cantado diferentes estilos musicales.

En 2010 grabó con Jeff Tweedy, líder de Wilco *You Are Not Alone*, un disco excelente que le valió su primer Grammy. En 2013 publicó *One True Vine*, producido de nuevo por Tweedy y con una mezcla de canciones antiguas y nuevas escritas por George Clinton, Alan Sparhawk de Low o Nick Lowe, entre otros. Staples y Tweedy completaron también el trabajo que dejó sin acabar Pops Staples al morir en 2000 en el disco *Don't Lose This* de 2015. Posteriormente publicó *Your Good Fortune*, un EP con cuatro temas junto a Son Little para su sello Anti. Su último trabajo es *Livin' on a High Note* de 2016, un disco producido por M Ward y que cuenta con canciones de Nick Cave, Ben Harper y Benjamin Booker, entre otros.

Susan Stenger

El sonido de la vanguardia noise de Nueva York

11 de mayo de 1955
Buffalo, Nueva York

En sus aventuras sónicas Band of Susans nunca se cansaron de explorar intrincadas texturas sonoras. Abanderados del noise surgido del Nueva York de los ochenta, sus melodías distorsionadas sonaban a un alto volumen de decibelios. Un nivel capaz de dejarte sordo en unos directos llenos de oleadas de distorsión, emociones oníricas y melodías hipnóticas.

Band of Susans fue creada por Susan Stenger y Robert Poss y recibió su nombre de las Susan que formaban parte de la banda en aquel momento. Poss y Stenger eran dos músicos que provenían de entornos totalmente distintos y cuyas influencias ayudaron a conformar el sonido de la banda. Stenger estudió flauta clásica en la Academia de Música de Praga y cuando volvió a su Nueva York natal trabajó con Samuel Baron y estudió la música experimental de John Cage o Petr Kotik.

Pronto empezó a girar con el maestro de la guitarra de vanguardia Rhys Chatam. Fue precisamente allí donde conoció al que se convertiría en su media naranja musical, Robert Poss. Por su lado, Poss antes de unirse a la banda de Chatam paseaba su guitarra por el punk rock neoyorquino. Susan Tallman y Susan Lyall les acompañaban a las guitarras y Ron Spitzer a la batería en su primer EP, *Blessing and Curse*. Aunque la banda cambió varias veces de formación, Poss a la guitarra y Stenger al bajo se mantuvieron como compositores y cantantes principales.

En 1988 publicaron su primer largo *Hope Against Hope*. Un año después salió a la luz *Love Agenda*, su mejor disco. Un trabajo sin concesiones y plagado del noise más descarnado, en el que participó Page Hamilton antes de formar Helmet. Dos años después llegó *The Word and the Flesh*, quizás su disco más accesible, con menor reverb y feedback, con un sonido mucho menos crudo. En 1993 publicaron *Veil*, un álbum más denso y experimental que sus antecesores. *Here Comes Success* de 1995 es su último trabajo antes de su disolución a mediados de 1996. Stenger y Poss han continuado trabajando en diferentes proyectos juntos.

St. Vincent

La indie imprevisible

28 de Septiembre de1982
Tulsa, Oklahoma

Es difícil traspasar la línea que separa el indie rock del gran público, pero St. Vincent lo ha logrado, además con un tipo de música no apta para todos los oídos. Innovadora, difícil y emotiva a partes iguales, su rica mezcla de jazz, rock e incluso electrónica con toques de clásica ha conseguido no sólo el aplauso de la crítica sino también del público.

Annie Erin Clark nació en Tulsa, aunque pasó su infancia en Dallas, Texas. Una sociedad tan conservadora como la tejana debió marcarla sin duda. Empezó a tocar la guitarra con 12 años. Entonces hacía de *roadie* para sus tíos, el dúo de jazz Tuck & Patti. Después del instituto, estudió en la prestigiosa Berklee School of Music y grabó su primer EP con algunos de sus compañeros de clase en 2003, *Ratsliveonnoevilstar*. Un año después

dejó Berklee, tenía que seguir su propio camino y eso en una escuela no lo conseguiría.

Se unió al coro de rock sinfónico The Polyphonic Spree como guitarrista y cantante justo para su gira europea. En 2004 también participó en la 100 Guitar Orchestra de Glenn Branca para la grabación de una de sus impresionantes sinfonías vanguardistas. En 2006 Clark pasó a formar parte de la banda de Sufjan Stevens. Para esa gira grabó un EP de tres canciones, *Paris is Burning*, en el que ya usaba su nombre artístico St. Vincent.

En 2007 empezó su carrera en solitario, firmó con el sello Beggars Banquet y publicó su primer disco, *Marry Me*. Un trabajo que ya mostraba sus querencias por las estructuras musicales intrincadas y difíciles y su pasión por la experimentación sonora. En 2009 fichó por el prestigioso sello inglés 4AD y publicó *Actor*. Fue el disco que la lanzó al estrellato y que daba un paso más hacia terrenos más oscuros pero también más ambiciosos musicalmente. Multi-instrumentista y compositora agraciada, Annie Clark es uno de esos rara avis que consigue con una música totalmente diferente, llegar a grandes audiencias. Con *Actor*, lo hizo.

St. Vincent tenía tiempo para colaborar con Mountain Goats y The New Pornographers. E incluso de participar en el concierto homenaje a las bandas pioneras del indie rock que aparecían en el mítico libro de Michael Azerrad *Our Band Could Be Your Life*. Interpretó una versión del "Kerosene" de Big Black que incluso consiguió el aplauso del siempre crítico Steve Albini. En 2011 veía la luz su tercer disco, *Strange Mercy*, en el que seguía explorando las posibilidades que la música ofrecía a su inquieta mente. Un año después conoció a David Byrne en un concierto benéfico en Nueva York y nació una de las colaboraciones más interesantes de los últimos tiempos. No es de extrañar que dos músicos tan singulares acabaran trabajando juntos. Ambos imprevisibles, se unieron por su pasión por la experimentación. Aunque su colaboración iba a ser inicialmente para un solo concierto, acabó en aclamado disco, *Love This Giant*, y gira conjunta.

St. Vincent es su último trabajo, publicado en 2014, sigue explorando el camino que la cantante ha abierto con sus anteriores trabajos. Influenciado por su gira con David Byrne, acababa de terminarla cuando se puso a trabajar en él, es quizás su disco más accesible.

Poly Styrene

La rabia del punk inglés

3 de julio de 1957 - 25 abril 2011
Kent, Inglaterra - Sussex, Inglaterra

X-Ray Spex fue una de las primeras bandas de punk con una mujer al frente. Poly Styrene tenía una fuerte personalidad, una apariencia distintiva y era además compositora de letras punzantes e irónicas. Una precursora del feminismo punk. En sus canciones anti-sistema atacaba a las grandes empresas, el consumismo o la sociedad con humor e inteligencia y lo hacía siendo apenas una adolescente. El hecho de que fuera hija de un matrimonio mixto hizo su presencia en la escena aún más destacable, en una sociedad como la inglesa en la que los matrimonios interraciales no eran bien vistos precisamente. Muchas riot grrrls tomaron nota de su forma rabiosa de cantar. Aunque la carrera de la banda fue breve, la importancia de Styrene es indudable.

Marion Elliot-Said nació en Bromley, hija de una secretaria legal y de un inmigrante somalí. A los 12 años ya escribía sus propias canciones. Con un futuro nada prometedor como empleada de grandes almacenes, la joven Marion decidió viajar por Inglaterra durante dos años de festival en festival. Cuando volvió a casa creó su propia línea de ropa X-Ray Spex. Poco después de ver a los Sex Pistols en directo, cambió la moda por el punk y decidió for-

mar una banda junto a Susan Whitby al saxofón, más tarde conocida como Lora Logic. La banda se llamó como su marca de ropa y ella se transformó en Poly Styrene. El single debut de la banda fue el visceral "Oh Bondage, Up Yours", un clásico del punk.

En 1978 publicaron su primer trabajo, *Germ Free Adolescents*. Un álbum seminal que se ha convertido en uno de los discos imprescindibles del punk y que mostraba un mensaje tremendamente articulado de libertad y contra la superficialidad imperante en la sociedad inglesa. Mientras tanto la prensa atacaba a Styrene por ser mujer o incluso por llevar brackets. A pesar de ello, Poly Styrene nunca tuvo miedo a demostrar que las mujeres también tenían algo que decir en el punk rock. Un disco les bastó para dejar su huella. Sus directos eran explosivos y gran parte de ello era a causa de la rabiosa voz de Styrene y su fuerte presencia escénica. Su sonido característico con toques de saxo también fue esencial para crear uno de los grandes momentos de la historia del punk.

Poco después la banda se separó, dejando huérfana a la escena de una de las formaciones más importantes del punk, junto a The Clash o los Sex Pistols. Styrene publicó en 1980 *Translucence*, su primer trabajo en solitario. Un disco más jazzístico que dejaba de lado la rabia de su trabajo con X-Ray Spex. Después abandonó la música para hacerse Hare Krishna.

En 1986 volvió brevemente a la música con el Ep *God's & Goddesses*. Y en 1995 reunió de nuevo a X-Ray Spex para un segundo disco *Conscious Consumer*. No alcanzaría las cotas de su joya *Germ Free Adolescents*. En 2011 Styrene publicó su último trabajo en solitario, *Generation Indigo*. Ese mismo año murió después de perder la batalla contra el cáncer de mama.

The Supremes

Reinas del sonido de la Motown

1961-1977
Detroit, Michigan

The Supremes fue sin duda el grupo femenino más importante de los sesenta y lo que es más inaudito, coronó las listas en innumerables ocasiones en un momento en el que los grupos británicos las dominaban a su antojo. Eran elegantes, tenían pop y tenían soul y conseguían gustar a todos los públicos. Ellas representaban el sonido Motown en su esencia. Su popularidad no tenía competencia y se codeaban de tú a tú con los Beatles. Ningún gru-

po femenino había conseguido algo así hasta aquel momento. Su imparable coronación al altar de las estrellas no fue una historia meteórica, pero una vez el grupo tocó la fama, nadie pudo pararlo. El jefe de la Motown, Berry Gordy logró gracias a ellas lo que siempre había deseado, que sus grupos saltaran con éxito de las listas de R&B a las de pop.

Diana Ross, Florence Ballard y Mary Wilson se conocieron de niñas en el barrio de viviendas sociales de Brewster, Detroit. Formaron The Primettes, como contrapunto a The Primes, el grupo de sus amigos Eddie Kendricks y Paul Williams, más tarde The Temptations. En 1960, cuando grabaron su primer single para Lupine, The Primettes eran un cuarteto junto a Barbara Martin. No tuvo éxito. Apenas tenían 15 años y se pasaban el día visitando el cuartel general de la Motown después del colegio para intentar que las contratasen. Tenían una idea fija, ser cantantes y triunfar. Su empeño valió la pena, finalmente Smokey Robinson les abrió las puertas de su hogar musical. Durante un año se dedicaron a hacer coros en grabaciones de otros artistas hasta que Berry Gordy las vio interpretar un tema de Smokey Robinson. Desde aquel momento, las convirtió en su proyecto personal. Muchas fueron las críticas que Gordy recibió sobre favoritismos con sus pupilas frente a otras artistas del sello, como Martha & The Vandellas. Lo cierto, es que apostó fuerte por el trío y acertó.

Sus primeras grabaciones no llegaron a ningún sitio. Barbara Martin dejó la banda tras el primer single y se convirtieron en trío. Fueron unos cuantos años de intentos fallidos hasta entrar en las listas en 1963. Gordy sabía que The Supremes eran una mina de oro y no cejó en su empeño. Se convirtieron en la prioridad del sello y les asignó a sus mejores compositores Holland-Dozier-Holland, responsables del éxito de Martha & The Vandellas. Empezaba su verdadero camino hacia la historia. Su primer single en entrar en las listas fue "When The Lovelights Starts Shining Through His Eyes". Hasta entonces Ross y Ballard compartían las tareas de cantante principal, alternándose en las canciones, pero Ross tomó la delantera para disgusto de su compañera. Comenzaron las primeras fricciones internas.

1964 fue su año de gloria. Su segundo disco *Where Did Our Love Go* batió todos los récords inimaginables, sus canciones estaban durante semanas en las listas. Se convirtió en el primer álbum de la historia en tener tres singles en el número 1. "When Did Our Love Go" sería el primero de cinco números 1 consecutivos entre 1964 y 1965 junto a "Baby Love", "Stop! In the Name of Love", "Come See About Me" y "Back in My Arms Again". Todos ellos escritos por Holland-Dozier-Holland.

Pero junto al éxito también vinieron los problemas. No sólo otros grupos del sello se quejaban de la excesiva atención que el grupo recibía, sus propias compañeras veían como Diana Ross cada vez tenía más protagonismo. Florence Ballard era despedida y acabó sus días en la beneficencia. Murió en 1976 de un ataque al corazón. Sus problemas económicos y su abuso de las drogas y el alcohol fueron la causa. Siempre dijo que Ross era una arribista con afán de protagonismo. Lo fuera o no, lo cierto es que el grupo se convirtió en Diana Ross & The Supremes y cambió de miembros en varias ocasiones. En 1969 Ross emprendió su exitosa carrera en solitario y abandonó The Supremes. Jean Terrell la reemplazó hasta 1977 cuando el grupo se separó definitivamente.

Jesse Sykes

La voz turbia del americana

17 de julio de 1967
Mount Kisco, Nueva York

La característica voz de Jesse Sykes ha marcado los trabajos con su banda The Sweet Hereafter. Es imposible no sentirse subyugado por esa voz profunda y atrayente que acompaña a las melodías de country rock psicodélico de sus composiciones. Con ella transforma sus canciones en verdaderos cantos de sirena.

Jesse Solomon estudió fotografía, pero pronto cambió la cámara por la guitarra que había aprendido a tocar con doce años. En 1990 se mudó a Seattle con su entonces marido, el guitarrista Jim Sykes, del que adoptó el apellido. Ambos formaron la banda Hominy. En 1998 sacaron su disco homónimo. Aunque tuvieron el favor de la crítica, no alcanzaron el del público. Poco después se divorciaron.

Sykes se alejó de la música y parecía que había dejado de lado su faceta como compositora y cantante tras su divorcio, pero la chispa volvió a encenderse cuando conoció al guitarrista de Whiskeytown Phil Wandscher. Juntos iniciaron un nuevo proyecto. Al principio actuaban como dúo y más tarde formaron su banda, Jesse Sykes and the Hereafter. Les acompañaban Bill Herzog al bajo, Kevin Warner a la batería y Anne-Marie Ruljancich al violín.

En 2002 publicaron su primer disco, *Reckless Burning*. Ya se podía apreciar la combinación que las melodías y la voz casi fantasmal de Sykes creaba en sus canciones. Su siguiente trabajo *Oh, My Girl* llegó dos años después y confirmaba el talento de la cantante para crear emociones mientras cantaba. Su tercer disco *Like, Love, Lust & the Open Halls of the Soul* vio la luz en 2007. Un álbum más potente y eléctrico, que añadía texturas sónicas diferentes hermanando el country rock y la psicodelia.

Su último trabajo, *Marble Son*, está co-producido por Sykes y Wandscher y data de 2011. Con un sonido incluso más psicodélico y con guitarras más distorsionadas. Como siempre, el hilo conductor de su música es la voz oscura de Jesse Sykes, con es toque espiritual y emotivo que es capaz de dar a todas sus canciones siempre mecidas por las sonoridad psicodélica de la guitarra de Wandscher.

T

Susan Tedeschi

La renovadora del blues rock

9 de noviembre de 1970
Boston, Massachusetts

Una de las guitarristas, cantantes y compositoras de blues más interesantes de los últimos años, a Susan Tedeschi se la ha comparado con Bonnie Raitt como cantante y como guitarrista. Su acercamiento al blues fusionado con rock e incluso el gospel ha supuesto un soplo de aire fresco en el mundo del blues. Una voz imprescindible, tanto en solitario como junto a su marido en la Tedeschi Trucks Band.

Susan Tedeschi empezó a cantar con cuatro años en el coro de su iglesia. Con 13 tocaba con bandas locales y estudió en el prestigioso Berklee College of Music. Empezó a perfeccionar sus aptitudes como guitarrista en aquellos años. Al mismo tiempo cantaba en un coro de gospel. Después de graduarse en 1991 formó su primera banda de blues.

El primer disco de la Susan Tedeschi Band fue *Better Days* de 1995, un disco que ya anunciaba el talento de la cantante. Le siguió su aclamado *Just Won't Burn* en 1998 ya como Susan Tedeschi, un trabajo que la situó en la órbita de los mejores del blues. *Wait for Me* en 2001 se acercaba más al R&B. Cuatro años después su carrera daba un vuelco gracias a su disco *Hope and Desire*, producido exquisitamente por Joe Henry. Un trabajo cercano también R&B, en el que se centraba más en desarrollar al máximo su impresionante voz y no tanto en demostrar su pericia a la guitarra. En 2008 *Back to the River* confirmó que había madurado como compositora y como cantante. Es además su disco más rockero.

En 2011 Susan Tedeschi se unió a su marido, el prodigioso guitarrista Derek Trucks, para formar Tedeschi Trucks Band. Un grupo que unía el talento de ambos guitarristas y compositores. Aunque empezó como un proyecto para poder girar juntos y pasar más tiempo como familia, pronto fue creciendo hasta dar a luz su primer disco, *Revelator*, mezcla de rock, blues, soul y funk. Un disco redondo que confirmaba su fama como grupo en directo. Ambos son excelentes músicos y compositores y se nota en sus canciones. Su segundo trabajo *Made Up Mind* de 2013 fue mucho más experimental. Su último álbum es *Let Me Get By* de 2016. Producido por Trucks y con toda la banda colaborando en la composición de los temas, ha supuesto su consagración como grupo. Tedeschi además se ha convertido en la líder natural del mismo, su forma de cantar así lo atestigua.

Sister Rosetta Tharpe

Pionera de la guitarra

20 de marzo de 1915 - 9 octubre de 1973
Cotton Plant, Arizona -Philadelphia, Pennsylvania

Fue una de esas artistas que sobrepasan estereotipos, una verdadera celebridad. Su música nacía de la fusión del gospel y del blues, pero fluía hacia nuevas sonoridades. En su voz y en su forma de tocar la guitarra se oían crecer los fundamentos del rock and roll. Antes de que grandes guitarristas como Chuck Berry saltaran a la palestra, ya estaba Sister Rosetta Tharpe convirtiéndose en leyenda. Ella fue una pionera. Una verdadera fuerza de la naturaleza, única e irrepetible. Elvis Presley, Keith Richards o Bob Dylan son sólo algunos de los que la han citado como una de sus grandes influencias. Y a pesar de la enormidad de su aportación a la música, su figura parece haberse diluido en las grandes páginas de la historia del rock.

Sister Rosetta Tharpe fue una de las cantantes más importantes de gospel entre los años cuarenta y cincuenta, pero su particular forma de cantar y de tocar la guitarra le abrieron las puertas de la música mainstream, muy alejada de las iglesias donde empezó. Se ganó así el odio y la furia de los más puristas que consideraron que llevar una música sagrada como el gospel a los clubs nocturnos no era decente ni apropiado. Tuvo que pagar un alto precio por rebelarse contra lo establecido. Sister Rosetta Tharpe tocaba la guitarra de una forma muy particular, su fingerpicking era impresionante. La guitarra evolucionó y se transformó gracias a ella. Fue la primera también en tocar la guitarra con la boca. El instrumento y ella se fusionaban en uno solo, parecía que tenía la habilidad de hacerla hablar cuando la tocaba.

Tharpe era hija de Katie Bell Nubin, una misionera y cantante de gospel conocida en el circuito de iglesias como "Mother Bell". Con seis años tocaba la guitarra con maestría y asistía a su madre en sus actuaciones religiosas. Vivían por y para el gospel. Pero fue en Chicago, cuando la familia se trasladó, donde comenzó a recibir el influjo del blues en su música. Aquello lo cambió todo. Atreviéndose a experimentar logró cruzar puertas prohibidas y cerradas, abrirlas de par en par y crear sonidos nuevos.

Un torbellino sobre el escenario, llena de glamour y experta show-woman, Sister Rosetta Tharpe pronto se vio grabando para Decca y codeándose con estrellas como Cab Calloway o Benny Goodman. Su público crecía y crecía y sus canciones se convertían en verdaderos hits. Su alianza con la gran cantante de gospel Marie Knight también le supuso grandes éxitos en el género, llenaban iglesias como los grandes rockeros llenan ahora grandes estadios. Su "pecado" fue introducir el blues en sus actuaciones, sus fans más religiosos se sintieron traicionados. El público la abandonó por ser lo que mejor era, una innovadora inconformista, una mujer que rompía barreras guiada por su música. Ella siguió tocando hasta sus últimos días, siempre fiel a sí misma.

Big Mama Thornton

El rugido de Willie Mae

11 de diciembre de 1926 – 25 de julio 1984
Ariton, Alabama - Los Angeles

"Hound Dog" es prácticamente el único hit que Big Mama Thornton tuvo, uno de los grandes hitos del rock and roll. Lástima que quedó sepultado por la fama de Elvis. Pero el pesó de esta cantante en la historia de la música va mucho más allá. Willie Mae "Big Mama" Thornton también fue una de las mejores cantantes de blues. Su imponente voz y presencia física llenaban el escenario. Su forma de cantar aullando y esa mezcla de blues, R&B y rock abrieron las puertas a una nueva forma de entender la música.

Willie Mae Thornton abandonó su hogar con catorce años en busca de su gran sueño: convertirse en cantante. Pronto se unió a la troupe de Sammy Green y sus Hot Harlem Revue. Se curtió a golpe de escenario en los circuitos del sur negro y tras años en la carretera, Willie Mae se asentó en Houston. En 1951 consiguió un contrato con Peacock Records. Autodidacta, tocaba de oídas y no sabía leer partituras. Era una mujer con un carisma

monumental que sabía no sólo sacar partido a su gran voz sino también tocar la armónica y la batería. Willie Mae se convirtió en Big Mama gracias a su impresionante voz pero también a su imponente figura.

Fue en 1953 cuando conoció a Jerry Leiber y Mike Stoller, eran los inicios de una de las parejas de compositores más importantes de la historia musical. Ellos escribieron "Hound Dog" especialmente para Big Mama, un tema que estuvo 14 semanas seguidas en las listas de R&B de Billboard, siete de ellas como número 1 imbatible. Siempre se recuerda la versión de Elvis pero aquella jamás hubiera sido posible sin la interpretación de Thornton. Una historia que se repetía, la de los músicos negros cuyos éxitos desaparecían en la estela de los músicos blancos que los versionaban. Pero mucho antes de Elvis, Big Mama Thornton ya dotó a la música de un componente sexual, poderoso y profundo que marcó el camino del rock.

En los sesenta y setenta varias reediciones, entre ellas la de Arhoolie en 1968, la pusieron de nuevo en la órbita musical recuperando su legado. También componía sus propias canciones, Janis Joplin grabó una versión de "Ball and Chain" y siempre afirmó que fue una de las influencias más grandes en su forma y estilo de cantar. Thornton era una mujer poderosa, sin miedo a gritar y exponerse, sin ser apocada ni delicada, sin querer sonar mona. Dándolo todo. Dejándose el alma en ello hasta su último suspiro en 1984.

Torres

La nueva sabia del indie-rock

23 de enero de 1991
Macon, Georgia

Son muchos los que han comprado a Torres con PJ Harvey o incluso Cat Power, su indie-rock tiene la garra de la primera pero también la intensidad emocional de la segunda. Con apenas dos discos, Mackenzie Scott ha conseguido convertirse en una sensación musical por sus letras maduras y su música arriesgada. Un grito rabioso e intimista a la vez de una de las voces más prometedoras del indie.

Mackenzie Scott empezó a cantar en el instituto en musicales como *El Violinista en el Tejado*, más tarde aprendió a tocar la guitarra con la que tocaba

y cantaba durante los oficios de su iglesia. Aunque se crió en Macon, Georgia, de adolescente se mudó a Nashville para ir a la universidad de Belmont. En 2012, mientras aún estudiaba en la universidad, nació su primer disco *Torres*. Un trabajo que grabó en los estudios de Tony Joe White en Tennessee. El disco vio la luz al año siguiente. Torres sorprendía en sus composiciones por la madurez de sus letras, pero también por su característica voz. Música arriesgada, emocional e introspectiva cantada con fiereza y fuerza.

Fue telonera de Sharon Van Etten, con la colaboró en el disco de esta última *Are We There?* en 2014. Un año después publicó su segundo trabajo, *Sprinter*. Este disco fue el que la ha consolidado como una de las grandes promesas del indie-rock. Después de las constantes comparaciones con PJ Harvey, es curioso que grabara este disco en Inglaterra con Rob Ellis, uno de sus más estrechos colaboradores. Un álbum que constataba lo que apuntaba su primer largo, que Torres tiene mucho que decir en el mundo del rock.

Maureen Tucker

El ritmo de la Velvet Underground

26 de agosto de 1944
Levittown, Nueva York

Escondida en su imagen andrógina detrás de la batería de la Velvet Underground, Maureen "Moe" Tucker fue quizás uno de los miembros de la formación del que la gente esperó menos. Siempre se mantuvo en un segundo plano. Lou Reed y Nico atraían todos los focos, a ella le bastaba con marcar el ritmo. Su seña de identidad era su forma poco convencional de tocar la batería: de pie, sin timbales tocando con mazas en vez de baquetas y con

un kit de batería minimalista. Fue innovadora y rompedora, punk antes del punk. Maureen Ann "Moe" Tucker empezó tocando la guitarra pero decidió cambiar a la batería con 19 años. Aprendió de forma autodidacta con una batería de segunda mano. Fue Sterling Morrison quién la introdujo en The Velvet Underground, cuando Angus MacLise dejó la formación en 1965. Maureen era hermana de un amigo de la infancia.

Tucker dejó su trabajo en IBM y pasó a formar parte de la historia del rock. Tucker no sólo tocaba la batería, también cantaba, tocaba el bajo y la guitarra. En algunos de los temas de la Velvet Underground como "After Hours" aportaba, además del ritmo, su suave e ingenua voz. La importancia de la banda es indudable y Maureen Tucker fue parte esencial de ese éxito. Muchos son los grupos que han visto en la banda una de sus influencias principales. No se entendería la historia de la música sin estos músicos avanzados a su tiempo y la forma en la que Maureen Tucker tocaba la batería fue parte importante de su sonido.

Más allá de su relación artística con Warhol con el que amenizarían sus "Exploding Plastic Inevitable" performances, The Velvet Underground experimentaron con la música como nunca antes se había hecho. En 1967 publicaron su primer disco *The Velvet Underground & Nico*, con canciones que trataban sin tapujos temas como las drogas o el sadomasoquismo. *White Heat/White Light* se publicó a finales de ese mismo año. En 1969, poco después de publicar *The Velvet Underground*, Maureen Tucker dejó la banda para cuidar de su primer hijo. Después de pasarse unos cuantos años haciendo de madre, Tucker quiso volver a la música. Pero los tiempos habían cambiado y ella no tenía el aura que sus compañeros habían conseguido. Se vio obligada a trabajar en un Wal-Mart para poder subsistir. A finales de los ochenta empezó a colaborar como batería con la banda Half Japanese.

A partir de los noventa, Tucker produjo una interesante carrera en solitario. Ocho discos en sellos independientes, esta vez como cantante y guitarrista. *Playin' Possum* fue su primer álbum en 1981. En 1989 y con *Life in Exile After Abdication* se rodeó de grandes colaboradores como Jad Fair, Lou Reed, Kim Gordon o Daniel Johnston. En sus discos narraba la dureza de ser madre soltera, las miserias de cobrar el sueldo mínimo y sus reticencias hacia la industria de la música. En 1991 los miembros de la Velvet colaboraron en su disco *I Spent a Week There the Other Night*. Dos años después la banda volvía a reunirse y publicaban en directo *Live MCMXCIII*. Tucker ha seguido su carrera en solitario, alejada de la fama, pero adquiriendo cada vez más un estatus de figura de culto entre los músicos independientes.

Tina Turner

La leona del rock

26 de noviembre de 1939
Nutbush, Tennessee

Su nombre es sinónimo de supervivencia y renacimiento. Ella es, sin duda, una de las cantantes más enérgicas e impresionantes que ha pisado un escenario. La carrera de Anna Mae Bullock, más conocida como Tina Turner, ha sido la de una luchadora nata. Los altibajos de su vida parecen haber fortalecido a esta mujer que siempre ha llevado el fuego de la música en el cuerpo. Tina fue una cantante atípica, un torbellino sobre el escenario, lleno de energía y sexualidad, algo que pocas cantantes representaban en su época. Su gran voz y sus espasmódicos y sensuales movimientos, coreados por las Ikettes, causaron furor e hicieron historia. Tina era y es la perfecta show-woman.

Nacida en Nutbush, Tennessee, Anna Mae empezó a cantar siendo adolescente en el coro de su iglesia, pero aquello pronto se le quedó pequeño. No sintió la llamada del señor, pero si la de la música. Criada por su abuela, a la muerte de esta, su madre se la llevó junto con su hermana a St. Louis,

abandonándolas a su suerte poco después. Allí fue donde empezó a frecuentar los locales de R&B en busca de un sitio para cantar. Aunque sorprenda pensar en ella como en una muchacha tímida, lo era, algo que cambió cuando con 18 años se cruzó en su camino el hombre que le cambió la vida para siempre, Ike Turner y sus Rhythm Kings. Corría el año 1956, el guitarrista se había hecho famoso gracias a su éxito "Rocket 88" y Anne Mae consiguió superar su timidez y reunir el valor suficiente para actuar delante de la banda. Para sorpresa de Ike, su portentosa voz lo convenció para ficharla como corista de la formación, en poco tiempo pasó a ser la estrella del espectáculo. La tímida Anne Mae desaparecía para siempre y dejaba paso a la volcánica Tina.

En 1960 llegó su gran oportunidad cuando el cantante de los Kings of Rhythm no se presentó a una sesión de grabación. Un iracundo Ike Turner le cedió a ella la canción "A Fool in Love". Sería su primer gran éxito y el pistoletazo de salida para la renombrada Ike & Tina Turner Revue. Publicaban su primer disco, *The Soul of Ike & Tina Turner* y poco después iniciaban su tortuosa relación sentimental que tantos ríos de tinta hizo correr. La cara y la cruz de la historia de Ike y Tina Turner, los éxitos y los malos tratos.

En 1965 ambos conocieron al mítico productor Phil Spector. Con él, Tina grabó uno de los mejores temas de su carrera "River Deep, Mountain High". Aunque en Gran Bretaña fue un éxito, en Estados Unidos pasó casi desapercibido. También fue una de las canciones favoritas de Mick Jagger que se los llevaba de teloneros de los Stones. Sus exitosas y explosivas versiones de temas como "Honky Tonk Women" de los propios Stones, "Come Together" de The Beatles o "Proud Mary" de Credence Clearwater Revival les hacían subirse al altar de los dioses del rock. En 1973 empezaba la última etapa artística de la pareja y también su decadencia, coincidiendo con la grabación de un tema escrito por Tina dedicado a su ciudad natal, "Nutbush City Limits". La tormentosa historia de amor de la pareja se rompió en mil pedazos y en 1975 harta de los malos tratos que sufría, Tina decidió dar carpetazo a su vida con Ike y pedir el divorcio.

Tras años de éxitos, se vio sola y sin un centavo. Perdida, los siguientes años no fueron precisamente un camino de rosas. Sus discos morían sin éxito. Ni siquiera su brillante y excéntrica encarnación como Acid Queen en la película *Tommy* de los Who pareció ayudarla. Muchos creían que su carrera estaba acabada, pero sorprendentemente, Tina volvió para convertirse en una de las mayores estrellas del rock mundial. Fue gracias a su trabajo con

Heaven 17 grabando versiones, como el "Let's Stay Together" de Al Green, lo que la catapultó de nuevo a la fama. Renacía de entre las cenizas la gran Tina Turner y comenzaba una carrera de singles exitosos codeándose con lo mejor del rock mundial. En 1984 lanzó su aclamado disco *Private Dancer*.

Un año después Tina volvió al cine en *Mad Max*, alcanzando de nuevo las listas de éxitos con la banda sonora y el tema "We Don't Need Another Hero". De nuevo, Tina encarnaba a una mujer de rompe y rasga, fuerte, poderosa e imponente que brillaba con luz propia. Lejos quedaban los malos años, el maltrato, los fracasos. La leona del rock había renacido para vivir una nueva vida. Desde entonces, ha publicado numerosos álbumes, que quizás no han alcanzado la popularidad de sus anteriores trabajos, pero que la han mantenido en el Olimpo de los dioses del rock. Tina Turner ha sido una de las pocas mujeres que ha logrado llenar estadios y grandes arenas. El escenario es su medio natural, donde desata la energía de un temporal musical. Su última gira fue en 2008, tras diez años sin pisar los escenarios, celebraba 50 años de carrera. Ahora, para desencanto de sus fans, vive prácticamente retirada en Suiza disfrutando del merecido descanso de la guerrera.

V

Sharon Van Etten

La emoción hecha canción

26 de febrero de 1981
Clinton, Nueva Jersey

Creciendo como una tormenta que empieza en cuatro gotas para convertirse en un vendaval, la carrera de Sharon Van Etten ha ido de la tranquilidad del folk intimista al indie rock desatado. Sus emociones han marcado todos sus discos y su música ha ido evolucionando y madurando a la vez que ella misma. Su voz es una de las imprescindibles de la escena indie rock actual.

Sharon Van Etten nació y creció en Nueva Jersey, ya desde pequeña la música estuvo presente en su vida. Aprendió a tocar el clarinete, el violín y

el piano antes de decidirse por la guitarra. También cantaba en el coro de su instituto. Después de graduarse se mudó a Murfreesboro para estudiar en la Middle Tennessee State University. Aunque no acabó sus estudios se quedó en la ciudad durante cuatro años. Ya entonces escribía sus propias canciones, pero no se atrevía a tocarlas en público.

Se mudó a Brooklyn en 2005 y Kyp Malone, de TV on the Radio le animó a hacerse cantante tras escuchar una de sus maquetas. El hermano de Kyp había sido compañero de instituto de Van Etten. Aunque siguió tocando en pequeños locales y cafés, aprendió mucho del negocio de la música gracias a su trabajo en Ba Da Bing Records donde empezó como becaria y posteriormente como publicista a jornada completa. Su primer disco llegó en 2009 *Because I Was In Love* estaba más cerca al folk que su siguiente trabajo, *Epic* de 2010 que ya contaba con una banda para respaldarla. Aún así sus primeros discos ya mostraban la intensidad emocional de sus composiciones, en las que se desnudaba casi como si de una terapia sonora se tratase.

A finales de 2010 firmó por el sello Jagjaguwar. Ser telonera de la banda The National, hizo que Aaron Dessner produjese su tercer trabajo, *Tramp*, publicado en 2012. El propio Dessner y otros miembros de la banda participaron en la grabación, muestra de la buena relación que mantenía con la banda. Un año después cantó también en el disco de The National *Trouble Will Find Me*. *Tramp* fue un álbum más eléctrico y complejo que sus anteriores trabajos. Su último álbum *Are We There*, de 2014 es su disco más maduro y en el que demuestra más confianza en sus composiciones. Le ha valido el aplauso de la crítica y ser considerado uno de los discos del año. En 2015 vio la luz su EP con cinco canciones *I Don't Want to Let You Down*.

W

Gillian Welch

La discreción americana

2 de octubre de 1967
Nueva York, Nueva York

Cantante y compositora reverenciada, Gilliam Welch se ha erigido como una de las representantes más importantes del revival de la música de raíz americana, esa música de principios del siglo veinte originaria de los Apalaches. Música tradicional, que ha sido el puntal de muchos de los géneros que conocemos hoy en día surgidos de los EEUU. Country, folk, bluegrass y rock se aúnan en un estilo que Welch ha sabido hacer suyo con apenas dos guitarras, su delicada voz y la de su inseparable compañero Dave Rawlings. Su música, aunque bebe de la tradición, es totalmente innovadora.

A pesar de que nació en la gran manzana, Gillian Welch se crió en Los Ángeles donde sus padres escribían material para el programa de Carol Burnett. Ya siendo una niña el bluegrass y el country le atraían, sobre todo la música de la familia Carter o The Stanley Brothers. En el colegio y el instituto tocaba canciones folk. Tras graduarse en la universidad de California en fotografía, Welch estudió en el prestigioso Berklee School of Music de Boston donde se graduó en composición. Allí conoció a Dave Rawlings, ambos empezaron a tocar canciones propias y tradicionales del country y el bluegrass.

Tras terminar sus estudios ambos se mudaron a Nashville. Mientras actuaban como teloneros de Peter Rowan, el productor T-Bone Burnett los vio y quedó impresionado, así que les ayudó a conseguir un contrato discográfico. Él se encargó también de la producción de su excelente primer disco, *Revival.* Un nombre que ya indicaba por donde iba su sonido. Un álbum que aunaba su pasión por la música del pasado pero con una madurez inusual en una cantante tan joven. Mitad acústico, cantando simplemente acompañados con sus guitarras y la otra mitad del disco con banda. Canciones oscuras y temas como las drogas, la pobreza o la muerte poblaban sus letras.

Su segundo disco *Hell Among the Yearlings* llegó en 1998. Seguía la misma línea, miraba al pasado y creaba un sonido nuevo al mismo tiempo. Su participación en la banda sonora de *O Brother, Where Art Thou?*, les brindó más visibilidad y fama. En 2001 publicó *Time (The Revelator)* en su propio sello Acony Records. Producido por Rawlings, supuso su consagración definitiva. Un trabajo concebido como un disco de rock pero con la sensibilidad de las

guitarras acústicas en el que Welch canta sobre el asesinato de Lincoln, John Henry o Elvis Presley. Canciones sobre la historia de América, su esplendor y su decadencia.

En 2003 publicó *Soul Journey*, un trabajo más luminoso y con un cambio en su sonido, hasta ahora desnudo, con acompañamiento de batería, bajo, violín y dobro. En 2009 Dave Rawlings publicó su primer disco con la Dave Rawlings Machine, *A Friend of a Friend*, que incluía a Gillian Welch en la formación. El siguiente disco de Welch llegó en 2011, *The Harrow & The Harvest* tardó en gestarse. Aunque tenía canciones para hacer varios discos, no acababan de convencerla lo suficiente como para publicarlas, así que se tomó su tiempo hasta que consiguió la perfección que buscaba. Un disco en el que ella y su compañero co-producen, cantan y tocan todos los instrumentos. Una joya que vuelve a abrazar esos sonidos del bluegrass y el country con motivos rock y blues, siempre desde una perspectiva acústica. El sonido característico de la cantante y compositora. El último disco de Welch, es el segundo de Dave Rawlings Machine, *Nashville Obsolete* de 2015.

Lucinda Williams

La artista de culto en esencia

26 de enero de 1953
Lake Charles, Louisiana

La música de Lucinda Williams entrecruza rock, country, folk y blues haciéndolos inseparables. Su inconfundible voz y su maestría a la hora de componer canciones sinceras y sentidas hacen de ella una de las grandes compositoras de nuestros tiempos. Su carrera ha sido lenta, trabajando paso a paso y sin descanso. Casi 40 años en los que Williams se ha convertido, quizás no en una figura mainstream, pero si en una artista de culto, reverenciada y admirada. Una compositora perfeccionista que ha hecho que hasta sus canciones más sencillas sean verdaderas joyas poéticas.

Hija del poeta Miller Williams, profesor de universidad y admirador empedernido de Hank Williams, Lucinda Williams heredó de él su pasión por la música mientras escuchaba su colección de discos. De su padre también recibió la poesía a la hora de escribir canciones. Su madre, pianista, influyó en su desarrollo como compositora y la introdujo en la música de Joan Baez. El trabajo de su padre hizo que la familia se mudara constantemente hasta que sus padres se divorciaron y Lucinda y sus hermanos se quedaron con su padre.

Con seis años empezó a escribir poesía y con 12 tocaba la guitarra. Cuando era adolescente, Williams empezó a actuar en clubs locales y aunque estudió en la universidad durante un tiempo, lo dejó en 1971 para dedicarse por completo a la música. Mudándose de Nueva Orleans, a Aus-

tin y Houston, sumergiéndose en sus escenas locales y trabajando en lo que podía mientras tanto, Lucinda fue forjando su estilo. En 1978 firmó con el sello Folkways que publicó sus dos primeros discos. *Ramblin' on My Mind* de 1979 era una colección de versiones de blues tradicional, country y folk y *Happy Woman Blues*, de 1980, fue su primer disco con composiciones propias.

Williams se mudó a L.A. y aunque atrajo la atención de varios sellos, no sabían donde encajar su mezcla de estilos. Allí conoció a su primer marido, Greg Sowders, su corto matrimonio y su divorcio forjaron las canciones del disco que marcaría un antes y un después en su carrera. *Lucinda Williams* publicado por Rough Trade en 1988, no alcanzaría un gran éxito de público pero si el respeto de la crítica. Se convirtió en todo un clásico y mostró el talento compositivo de una mujer que sabía retratar a la perfección los sinsabores de la relaciones, el dolor o la pérdida.

Rough Trade publicó varios EPs suyos como *Passionate Kisses*. La versión de Mary Chapin Carpenter se convirtió en un hit y le dio su primer Grammy a Williams. La cantante tardó cuatro años en grabar el excelente *Sweet Old World* de 1992. Un disco que consolidaba su talento como compositora. Seis años después llegó *Car Wheels On a Gravel Road*, considerado su obra maestra, se retrasó por el perfeccionismo de la cantante. Un disco luminoso que contó con colaboraciones de Emmylou Harris o Steve Earle y que confirmó a Williams como una de las compositoras y cantantes imprescindibles de los noventa. La poesía musical de sus composiciones así lo atestiguaban.

En 2001 llegó *Essence*, publicado por Lost Highway, un trabajo más retrospectivo e intimista. *World Without Tears* le siguió en 2002, con él ganaría su tercer Grammy como mejor cantante de rock, viendo reconocida así no sólo su tarea como compositora, sino también como cantante. *Time* la escogió como la mejor compositora americana ese año. En 2007 publicó *West* un disco doloroso marcado por la muerte de su padre y un año después *Little Honey*, con colaboraciones de Matthew Sweet, Susanna Hoffs, Elvis Costello y Doug Pettibone.

En 2011 editó *Blessed*, en el que Costello y Sweet volvieron a colaborar. *Down Where the Spirit Meets the Bone* de 2014 fue el primer disco que publicó en su propio sello Highway 20 Records. Un doble álbum preciosista en el que la cantante volvió a demostrar su maestría compositiva. Su último trabajo *The Ghost of Highway 20* data de 2016, un disco doble que la vuelve a colocar como una de las voces imprescindibles de la música actual.

Ann y Nancy Wilson

Las hermanas del rock

19 de junio de 1950 y 16 de marzo de 1954
San Diego y San Francisco, California

Mientras Suzy Quatro o The Runaways no conseguían alcanzar el éxito y sufrían las mofas de la prensa, las hermanas Wilson traspasaron las barreras del género con su grupo Heart. Aunque era banda mixta, ambas se erigieron como líderes de la misma, ya que componían la mayoría de las canciones. Ellas dieron un paso adelante en lo que significaría ser mujer en una banda de rock. Tuvieron que enfrentarse a los mismos prejuicios que sus antecesoras, pero supieron salir airosas y triunfar en las listas gracias a su mezcla de hard rock y folk y la imagen de mujeres reales que proyectaban sobre el escenario y en sus canciones. Su acierto, no intentar imitar a los hombres, simplemente ser ellas mismas.

Las hermanas Wilson siempre estuvieron rodeadas de música. Empezaron a tocar diversos instrumentos desde temprana edad. Ambas pasaron por diversas bandas, Ann como cantante y Nancy como guitarrista, antes de acabar recalando en Heart. Una banda formada por el guitarrista Roger Fisher, el bajista Steve Fossen, el guitarrista y teclista Howard Leese y el batería Michael DeRosier. Ann fue la primera en llegar al grupo, posteriormente se unió también Nancy.

En 1975 publicaron su primer disco *Dreamboat Annie* en el sello canadiense Mushroom. Un álbum que rápidamente se convirtió en un éxito, mezcla de potencia rockera y canciones melódicas. Con sus siguientes discos dieron el salto a los Estados Unidos: *Little Queen*, *Dog And Butterfly* o *Bebe Le Strange* componen lo mejor de su catálogo. Canciones como "Magic Man", "Crazy on You" o "Barracuda" se convirtieron en verdaderos himnos del rock. Triunfaron gracias a su mezcla de hard rock y folk, la voz potente de Ann Wilson, los riffs de guitarra de Nancy y el apoyo de una banda solvente detrás.

En 1985 publicaban su disco homónimo. Número uno en EEUU y que les abrió las puertas a nuevas generaciones del rock. Aún siguen en activo tras décadas sobre los escenarios. Ellas fueron las primeras mujeres en liderar una banda de rock de éxito y además hacerlo como compositoras de sus propias canciones. A pesar de que la banda ha sufrido cambios en la formación a lo largo de los años, las hermanas Wilson han permanecido siempre al frente como mentes creativas.

Amy Winehouse

El mito caído demasiado pronto

14 de septiembre de 1983 – 23 de julio de 2011
Enfield, Inglaterra - Londres, Inglaterra

Inglaterra tiene la capacidad de crear verdaderos monstruos de la música, leyendas que han conseguido con sus canciones dejar una huella imborrable en la historia. Amy Winehouse ha sido una de esas personas. Su carrera fue breve, apenas dos discos, pero su talento indudable. Aunque la prensa se centró más en su comportamiento rebelde, sus problemas con el alcohol y las drogas y su temprana muerte, es imposible olvidar que con su voz y su música Winehouse se convirtió en una de las mejores cantantes del momento. Sus dos discos la confirmaron como una promesa que lamentablemente no pudo revalidar su inmenso talento. Gran compositora, brutal y descarnada en sus letras y una voz irrepetible, la compararon con Billie Holiday o Sarah Vaughan y aunque fue abanderada del neo-soul supo crear su estilo propio y único.

Amy Winehouse se crió en el norte de Londres, muchos de los hermanos de su madre eran músicos de jazz profesionales así que la música estuvo presente en su vida desde pequeña. Los discos de sus padres nutrieron su talento desde temprana edad, desde Ella Fitzgerald a Billie Holiday o Frank Sinatra, el favorito de su padre. Cuando llegó a la adolescencia, Amy descubrió el hip-hop y el R&B, elementos que sabría conjugar en su música. Aún quedaban unos años para eso. Con 16 años era expulsada de la escuela de teatro en la que estudiaba. Ya había montado algún grupo y hacía sus pinitos en la música componiendo sus primeras canciones.

Island Records se fijó en ella gracias a una demo y con 20 años publicó su primer disco. Era 2003 y *Frank* supuso su gran descubrimiento. Un trabajo que desvelaba su gran voz, con una versatilidad para ser potente y sutil al mismo tiempo, además acompañada de una banda solvente detrás. Con

Frank fue nominada al Mercury Prize en 2004, la fama llegó pero pronto su vida personal alcanzó las portadas de los tabloides. Aparecía demasiado borracha para actuar en sus conciertos. Su manager le sugirió que entrara en una clínica de rehabilitación, pero en vez de eso, lo despidió y se inspiró en el incidente para escribir su gran éxito "Rehab". Sus letras siempre fueron reflejo de su vida, muchas veces tormentosa.

En 2006 llegó su consagración musical con *Back to Black*, un disco redondo que dejaba de lado el jazz más preeminente de su primer trabajo para acercarse al soul y el rock and roll. Con este trabajo ganó cinco premios

Grammy. Estaba repleto de canciones atemporales que le proporcionaron fama mundial. A pesar de ello, Winehouse tuvo que cancelar su gira por los EEUU y los rumores sobre su salud empezaron a circular. De repente, salía más en la prensa por su errático comportamiento y la tormentosa relación con su marido Blake Fielder-Civil que por su música.

A pesar de que estaba trabajando en varios proyectos, *Back to Black* fue su último trabajo. Sus últimos años la mantuvieron ocupada con su divorcio, sus problemas con las drogas y el alcohol y su delicada salud mental que provocaron actuaciones en directo desastrosas y cada vez más rumores sobre su estado de salud. En 2011 la cantante fue encontrada muerta en su casa de Camden. El alcohol había podido con ella. Se iba una gran voz que no tuvo tiempo de explotar su talento al máximo.

Z

Thalia Zedek

La aspereza del indie rock

1961
Washington D.C., Washington

Miembro de algunas de las bandas más respetadas de la escena underground alternativa como Come, Live Skull o Uzi, Thalia Zedek es una de las figuras imprescindibles de la música independiente. Son más de 30 años de carrera que la han convertido en toda una veterana del indie rock con una producción musical extensa, variada y sumamente interesante. Aunque su éxito comercial ha sido limitado, su influencia en la escena indie rock es indudable.

En 1979 Zedek se mudó a Boston para estudiar en la universidad, aunque lo dejó durante el primer trimestre para dedicarse a la música. El punk de principios de los setenta y sobre todo Patti Smith fue una de sus mayores influencias en aquellos años formativos. En Boston formó White Women y Dangerous Birds. Ambas bandas femeninas, esta última además incluyó

su canción "Smile on Your Face" en el famoso recopilatorio *Sub Pop 100*.

En 1983 Zedek formó Uzi, tan solo editaron un EP con seis temas *Sleep Asylum* y el grupo tuvo una corta existencia. Aunque su único disco fue excepcional. La banda de noise rock neoyorquina Live Skull, impresionada por la voz de Zedek, le pidió que se uniese a ellos. Tras abandonar Nueva York, a principios de los noventa, volvió a Boston donde formó la banda seminal Come junto a Chris Brokaw. Una formación de culto a la que alabaron músicos como Kurt Cobain o J. Mascis, entre muchos otros. Su primer lanzamiento fue el single "Car" editado por Sub Pop. En 1992 publicaron su primer disco, *Eleven: Eleven* en Matador. Fue el primero de cuatro discos imprescindibles y redondos plagados de canciones oscuras y potentes descargas sónicas junto a *Don't Ask Don't Tell* de 1994, *Near Life Experience* de 1996 y *Gently, Down the Stream* de 1998. La banda se separaba poco después.

Zedek emprendió su carrera en solitario. Giró invitada por Indigo Girls en las Suffragette Sessions y en 2001 publicó su primer disco, *Been Here and Gone*. Un álbum de ruptura sentimental. Sus luchas interiores pueblan sus canciones de una gran intensidad emocional donde cantas sobre sus desengaños amorosos, su condición homosexual o su adicción a la heroína. Un año después vio la luz el EP *You're a Big Girl Now* y en 2004 el largo *Trust Not Those in Whom Without Some Touch of Madness*. Un trabajo melancólico. Cuatro años después llegaba *Liars and Prayers* su primer disco como Thalia Zedek Band y el que se acercaba más al sonido de Come, más duro y agresivo. En 2013 publicó *Via*, un disco lleno de melancolía y desespero. Un año después llegó su último trabajo, el minimalista EP *Six*.

3. Rockeras españolas y latinas

Entre las rockeras españolas y latinas hay un nutrido número de mujeres que han aportado un grano de arena a la música. Muchas de ellas fueron pioneras, mujeres que se enfrentaron a una sociedad machista y retrógrada. Aquí tenéis un resumen de algunas de esas cantantes y compositoras que desafiaron las reglas establecidas y le dieron al rock su talento. Junto a esas pioneras, otras figuras más recientes, las nueva sabia que mantiene la mecha del rock encendida. No están todas las que son, pero sin duda, todas las que están lo son.

Alaska

(México/España)

Olvido Gara aterrizó en España a los 10 años, su padre había emigrado a México donde conoció a su madre. Cuando la pequeña Olvido pisó Madrid por primera vez era 1974, en plena transición política. Pasó de un medio más liberal a otro más encorsetado y antiguo contra el que pronto se rebeló. Aunque muchos la conocen más por su faceta como mitad de Fangoria junto a Nacho Canut, Alaska fue uno de los miembros más importantes de la famosa Movida Madrileña. Estuvo en grupos seminales como Kaka de Luxe, Alaska y los Pegamoides o Dinarama, sus inicios fueron de los del punk rock aunque ahora con Fangoria haya abandonado esos sonidos.

Amparanoia
(España)

Amparo Sánchez es una de las pioneras de la fusión en el rock español. Nacida en Alcalá la Real, Jaén, en 1996 creó Amparanoia al trasladarse a Madrid. En 1997 publicó su primer disco, *El poder de Machín*, donde se sumergía en las rancheras y los boleros, pero también en el blues y el soul. Con la fusión como guía y tras varios discos como Amparanoia, emprendió su carrera en solitario como Amparo Sánchez. Siempre con letras comprometidas y de denuncia social. Los sonidos fronterizos protagonizaron su primer disco en solitario *Tucson-Habana* de 2010 que grabó junto a los miembros de Calexico Joey Burns y John Convertino y Omara Portuondo. Calexico se han convertido en colaboradores habituales de sus discos como demuestran *Alma de Cantaora* de 2012 y *Espíritu del Sol* de 2014, su último trabajo.

Aurora Beltrán
(España)

Pocas bandas de rock eran lideradas por mujeres cuando en 1984 comenzaron su andadura. Antes de formar la banda con su hermano Lolo, Aurora Beltrán tocaba en Belladona. Letrista y compositora principal de Tahúres Zurdos, ella es una de las grandes voces del rock en castellano. Con actitud, voz potente y letras personales, la cantante y guitarrista siempre se negó a abandonar a su banda cuando le ofrecieron contratos en solitario. Ocho discos de estudio, dos recopilatorios, un acústico y un directo que repasa toda su carrera es el trabajo de la banda que se separó en 2004. Beltrán ha publicado dos discos en solitario *Clases de Baile* y *Museo Púrpura*. Aunque lucha contra una enfermedad renal crónica, no deja que eso le impida seguir actuando en directo.

Fabiana Cantilo

(Argentina)

Es una de las cantantes de rock más importantes de Argentina. Comenzó a hacerse conocida gracias a las Bay-Biscuits, un grupo de rock-teatral que acompañaba a Serú Girán. La fama le llegó cuando Charly García la invitó a participar en los directos de *Clics Modernos*. En 1985 colaboró con Fito Páez y editó su primer álbum solista, *Detectives*. Poco después formó a su banda Los Perros Calientes. En 1993 publicó *Algo Mejor* con canciones de Andrés Calamaro y Fito. Un año después llegó su disco más personal, *Golpes al Vacío*, ya con canciones escritas por ella misma. En 2005 editó su primer homenaje al rock argentino con su exitoso disco de versiones *Inconsciente Colectivo* y en 2009 la segunda parte, *En la Vereda del Sol*. Su último trabajo es *Superamor* de 2015, editado de forma independiente.

Ana Curra

(España)

Ana Curra es uno de los iconos de la música española. Fue teclista de dos de los grupos más importantes de los ochenta en España, los Pegamoides y Parálisis Permanente. Ella compuso la mitad de los temas de *El Acto*, el disco debut de Parálisis Permanente y uno de los discos puntales del rock español. En 1982 grabó su primer maxisingle, "Los celos se apoderan de mí". Tras la muerte de Eduardo Benavente, Parálisis Permanente desapareció. Ana Curra emprendió su carrera en solitario y en 1985 publicó el EP *Una Noche*

Sin Tí y en 1987, *Volviendo a las andadas*, su primer largo. Glam y guitarras potentes eran las protagonistas. Cansada de las presiones del mundo de las discográficas, dejó la música y decidió volver a dar clases de piano como profesora en el Conservatorio de El Escorial. En 2011 creó *Ana Curra presenta El Acto*, un espectáculo que pretendía recuperar las canciones del disco de Parálisis Permanente.

Denise

(Chile)

Aguaturbia fueron los pioneros del rock psicodélico en América Latina. Un rara avis que mezclaba el rock y el blues con la psicodelila en la onda de Janis Joplin o Hendrix. Formada en 1968 en Chile por la pareja Carlos Corales y la cantante Denise, junto al batería Willy Cavada y Ricardo Briones al bajo. En 1970 publicaron *Aguaturbia*, con letras críticas a la guerra y el machismo. "Erótica" fue una de las canciones más controvertidas de la época. Una total improvisación con gemidos de masturbación de Denise. Su portada nudista fue un escándalo. Su segundo disco *Aguaturbia Vol.2* fue polémico también, aparecía Denise crucificada. Se fueron a Nueva York a probar suerte, al volver el grupo se disolvió.

Andrea Echeverri

(Colombia)

Andrea Echeverri y Héctor Buitrago formaron Aterciopelados en 1992, mezcla de rock y canción protesta. En su música el rock se fusionaba con

el folclore colombiano con naturalidad y fue una de las primeras bandas colombianas en tener repercusión internacional. Su primer disco, *Con el Corazón en la Mano* y *El Dorado*, su continuación, mezclaban el punk rock con sonidos latinoamericanos y tradicionales del folclore chileno. Música con mensaje social contra las injusticias políticas, los derechos de las mujeres y la defensa del medio ambiente. La banda ha publicado siete discos. Echeverri empezó su carrera en solitario en paralelo a la banda. Ha publicado tres discos *Andrea Echeverri*, *Dos* y *Ruiseñora*, donde denuncia las injusticias sobre todo las cometidas contra las mujeres. Tras cuatro años separados, en 2015 Aterciopelados se juntaron para iniciar una nueva gira.

María Gabriela Epumer

(Argentina)

Guitarrista y cantautora argentina, María Gabriela Epumer tocó con Charly García con el que grabó cuatro discos y formó parte del grupo Viuda e Hijas de Roque Enroll.

Formada en 1983 dentro del movimiento "divertido", la banda facturaba un twist desenfadado y moderno. Fue la primera banda argentina de rock integrada por mujeres que tuvo éxito. Entre 1983 y 1988 grabaron tres discos, *Viuda e Hijas de Roque Enroll*, *Ciudad Catrúnica* y *Vale Cuatro*. Fueron pioneras en mostrar el universo femenino en sus temas. Tras grabar con las Viudas Epumer formó su propia banda, A1.

Durante sus más de 15 años de carrera tocó en bandas como Rouge, la Montecarlo Jazz Ensamble y el dúo Maleta la Loca. *Señorita Corazón* fue su primer disco, un trabajo bastante ecléctico. En *Perfume*, colaboró Robert Fripp. A pesar de ser una música activa como solista, nunca dejó de colaborar con Charly García. Su último trabajo es *The Complilady*, un recopilatorio. Epumer murió en junio del 2003 a causa de un paro cardiorrespiratorio. Tenía 39 años.

Mercedes Ferrer

(España)

Cantante, compositora y letrista, Mercedes Ferrer empezó su carrera a principios de los ochenta tocando con diversas bandas francesas mientras estudiaba en la Sorbona de París. A su vuelta a Madrid, creó junto a Carlos Torero el grupo La Llave. En 1986 publicó su primer disco en solitario, *Entre Mi Sombra y Yo*. Uno de los secretos mejores guardados del rock español, Mercedes Ferrer es una trabajadora de la música incansable en la sombra, que no ha visto reconocido su trabajo. Siete discos, un EP y la BSO de la película *Gorda* resumen su trayectoria. Su último trabajo es *Travesía*. Colabora habitualmente con la Plataforma de Mujeres Artistas.

Marina Gallardo

(España)

Desde el Puerto de Santa María llega una de las cantantes más innovadoras de la escena indie rock española, Marina Gallardo ha conseguido sorprender con su personal propuesta. Apenas tres discos, *Working to Speak*, *Some Monsters Die And Others Return* y *This is The Sound* avalan el talento de esta mujer que se ha convertido en una de las grandes promesas. En su música usa instrumentos atípicos y juega con el lenguaje sonoro. Si en sus dos primeros trabajos se acercaba más al folk, en el último se ha electrificado.

Núria Graham

(España)

En 2013 debutó con un excelente EP que sorprendió a todos, 17 años tenía y sus temas ya apuntaban al talento que se escondía detrás de esta cantante, compositora y guitarrista de Vic. Dos años después publicó su primer LP en EL Segell del Primavera, *Bird Eyes*. Su música demuestra una madurez compositiva inusual para su edad, sus canciones son evocadoras y envolventes, no solo por su voz sino también por la forma en la que toca la guitarra. Su último trabajo es el EP *In The Cave*. Dará mucho que hablar. De lo mejor que hay actualmente.

Miren Iza

(España)

Tulsa es Miren Iza. Su voz rasgada, su guitarra melancólica y sus letras desgarradas. Iza inició su carrera musical junto al grupo de punk rock femenino Electrobikins. Componía principalmente en inglés, pero tras la separación de la banda en 2002 empezó a componer en castellano. Letras desoladoras y melodías envolventes son las protagonistas de sus canciones. Junto a Alfredo Niharra a la guitarra, Iza creó Tulsa. En 2007 editaron con Subterfuge *Sólo me has rozado*, el disco que les haría conocidos. En 2009 publicaron su mejor trabajo,

Espera la Pálida. El disco que iba a suponer su consolidación como banda también supuso su fin. Miren Iza decidió tomarse un descanso indefinido por motivos personales. En 2015 la banda se volvió a reunir para grabar *La Calma Chica*, un disco sorprendente por su variación estilística.

Cristina y Amparo Llanos

(España)

Cristina Llanos tenía 17 años cuando decidió fundar su propio grupo junto a su hermana Amparo. Su primer disco *Sister*, no tuvo mucha repercusión, pero el segundo con Subterfuge Records, *Devil Came To Me* las impulsó al estrellato internacional. Dover fue uno de los pocos grupos españoles de rock que consiguió dar el salto a Europa, latinoamérica y EEUU en aquellos años. En 1998 crearon su propio sello Loli Jackson Records. Su tercer trabajo *Late at Night* lo grabaron en Seattle junto a Barrett Jones. En su sexto álbum *Follow the City Lights*, el grupo suavizó su sonido y se lanzó al pop electrónico recibiendo numerosas críticas de sus fans. En 2013 y con la gira de aniversario de sus 25 años como banda, recuperan el sonido más rock de sus inicios repasando *Devil Came to Me*. Su último disco de 2015, *Complications*, recupera el brío más rockero de sus primeras grabaciones.

Maika Makovski

(España)

Esta mallorquina asentada en Barcelona publicó en 2005 *Kradiaw*, su sorprendente primer disco. Su segundo trabajo *Kraj so Kóferot* confirmó el talento de la cantante, aclamada por la prensa especializada. El productor John Parish trabajó con ella en su tercer disco, *Maika Makovski*, publicado en 2010. Acompañada de su incombustible banda con David Martínez a la batería y JC Luque al bajo, sus directos son incendiarios. En 2011, debutó en el teatro en *Desaparecer* dirigida por Calixto Bieito, con canciones originales escritas e interpretadas en directo por ella misma. *Thank You for the Boots* llegó en 2012 tras firmar con Warner. En 2013 volvió al teatro de la mano de Calixto Bieito con *Forests*. En 2016 publica su quinto disco, que ha contado de nuevo con la colaboración de John Parish.

Christina Rosenvinge

(España)

Tras un olvidable paso por Alex y Cristina, en 1989 creó Christina y los Subterráneos, grabaron dos discos. Tras publicar en 1995 *Mi Pequeño Animal*, conoció a Lee Ranaldo de Sonic Youth, un hecho que influyó en sus siguientes trabajos, *Cerrado* y *Flores Rotas*, más personales y rockeros.

En 1999 se mudó a Nueva York. Steve Shelley y Lee Ranaldo la ayudaron a introducirse en la escena y publicó en 2001 *Frozen Pool* en el sello de Shelley, Smells Like Records. *Foreign Land* y *Continental 62*, cerraron su trilogía en América. En 2007 se alió con Nacho Vegas en *Verano Fatal*. En *Tu labio superior* contó con Shelley a la batería y Chris Brokaw de Come a la guitarra. Shelley repetiría en *La Joven Dolores* de 2011. Su último disco es *Lo Nuestro*, de 2015.

Vainica Doble

(España)

Vainica Doble se dedicaron a bordar nuestra memoria musical desde que aparecieron en el panorama musical en los años setenta. Uno de los dúos musicales más atípicos y originales que ha dado la música española, Carmen Santonja y Gloria Van Aerssen empezaron su carrera como compositoras de bandas sonoras para películas y programas de televisión, como el inolvidable *Con las manos en la masa*. Discos como *Heliotropo* de 1973 o *Taquicardia* de 1984 demostraron el talento de ambas. Ignoradas por la industria, sus discos son obras de culto, escritas y compuestas por dos rebeldes musicales llenas de sensibilidad y buen gusto, poesía musical. Canciones como la psicodélica "Caramelo de Limón" merecen un puesto en lo más alto de la historia musical española. Cuando grabaron su último LP en el año 2000, ambas pasaban ya de los 65 años.

Soledad Vélez

(Chile)

Aunque afincada actualmente en Valencia, la chilena Soledad Vélez se ha convertido en una de las apuestas más interesantes de la música que se hace en España. Su voz desgarrada araña las melodías. Después de publicar sus dos EPs *Four Reasons to Sing* y *Black Light in The Forest*, llegó su primer disco *Wild Fishing* de la mano de Absolute Beginners en 2012. Un año después publicó *Run With Wolves*, plagado de canciones oscuras y melodías intrincadas mucho más rock y menos folk. Su voz araña y arrastra sentimientos, atrapa en su telaraña sonora. En sus canciones habla de la soledad, el miedo, las fobias y la distancia. En 2016 publicó su tercer largo *Dust & Dance*.

4. 50 álbumes recomendados

Tori Amos

Little Earthquakes, 1992

Impresionante álbum debut de la cantante y pianista, revolucionaría el género con sus letras confesionales y melodías intrincadas.

Laurie Anderson

Big Science, 1982

Sorprendente e inesperado debut, con un éxito comercial sin precedentes gracias al poco comercial "O Superman". Arte y rock dándose la mano en un disco redondo e innovador.

Babes in Toyland

Fontanelle, 1992

Poderosa descarga sónica en este tercer disco de la banda. Crudo y guitarrero, con él demostraban que el grunge o el riot grrrl se les quedaban pequeños.

Joan Baez

Diamonds & Rust, 1975

Su disco más alejado del folk y más cercano al rock es una impresionante muestra de su talento. Y "Diamond & Rust", su canción más sentida, hablando por supuesto sobre Dylan.

Bikini Kill

Revolution Girl Style Now, 1991

El disco seminal del movimiento riot grrrl fue una simple demo con ocho canciones. Estilo DIY puro y punk rock con actitud feminista a raudales.

Blondie

Parallel Lines, 1978

Tercer disco de la banda y el mejor sin duda, lejos del New Wave y buscando su camino propio. Incluye la famosa "Heart of Glass".

The Breeders

Last Splash, 1993

El disco que convirtió a la banda de las hermanas Deal en estrellas y uno de los más importantes del rock alternativo. "Cannonball" fue su gran hit.

Ruth Brown

Ruth Brown. Rock & Roll, 1957

Su primer álbum para Atlantic, el sello que levantó a golpe de hit. Los primeros pasos del rock and roll de la mano de una de sus grandes voces. Imprescindible.

Kate Bush

Hounds of Love, 1985

El mejor disco de una de las artistas más innovadoras e influyentes de la música. Lo hizo tal y como quiso y se nota. Una obra maestra de principio a fin. 100% Kate Bush.

Anna Calvi

Anna Calvi, 2011

Ambicioso debut, oscuro, potente y descarnado. Una de las revelaciones musicales de la década. Además, consigue capturar la fiereza de sus directos.

Neko Case

Fox Confessor Brings The Flood, 2006

Belleza y tristeza conjuradas en un mismo disco, con la voz de Case en su máximo esplendor. Un salto compositivo, ya que escribe o coescribe la mayoría de los temas.

Sandy Denny

A Box Full of Treasures, 2004

Como su título indica, una caja llena de tesoros. Sus trabajos en solitario, con Fairport Convention o Fotheringay reunidos en una caja de cinco CDs imprescindible de una de las mejores voces de todos los tiempos.

Ani DiFranco

Little Plastic Castle, 1998

El trabajo más redondo y creativo de esta abanderada de la música independiente, en el que consiguió capturar la intensidad de sus directos y demostrar lo gran compositora que es.

Cass Elliot

Cass Elliot, 1961

Su impresionante voz por fin encontró en este disco el repertorio adecuado más allá de sus trabajos con The Mamas & The Papas. Mama Cass luciéndose como ella se merecía.

Marianne Faithfull

Broken English, 1979

El disco que demostró que Marianne Faithfull era mucho más que una cara bonita a la sombra de los Stones. Sorprendente golpe de efecto, rock en estado puro de una voz forjada con la dureza de la vida.

Aretha Franklin

I Never Loved a Man The Way I Love You, 1967

"Respect" ya convierte a este disco en un clásico. Debut de Aretha para Atlantic, una obra maestra de principio a fin. Aretha por fin desatada en todo su esplendor de la mano del maestro Wexler.

The Go Go's

Beauty and the Beat, 1981

El debut de la banda de Belinda Carlisle llegó como un soplo de aire fresco. El primer grupo femenino que conseguía un éxito así. Fresco y divertido, punk con glamour.

Patty Griffin

Servant of Love, 2015

Cualquier disco de la de Maine es una joya, pero su último trabajo lo es más aún. Sincero y personal, es también el primero que edita en su propio sello discográfico.

Jefferson Airplane

Surrealistic Pillow, 1967

El segundo disco de la banda de San Francisco aunó a la perfección el folk-rock con la psicodelia. Con una exhuberante Grace Slick cantando himnos clásicos del rock como "White Rabbit" y "Somebody to Love".

Emmylou Harris

Wrecking Ball, 1995

El álbum más creativamente innovador de una de las mejores cantantes de todos los tiempos. Oscuro, atmosférico y sentido. En parte gracias al toque maestro del productor Daniel Lanois.

Pj Harvey

To Bring You My Love, 1996

Explorando más allá del punk rock que bañaba sus primeros discos, aquí Pj se sumerge en aguas más oscuras e introspectivas y rescata un tesoro sonoro.

Hole

Live Through This, 1994

Hubo un tiempo en el que Courtney Love hacia buena música. Este disco es la prueba. Rabia y gritos desatados, letras desgarradoras y guitarras afiladas.

Wanda Jackson

Rockin' with Wanda!, 1961

Este disco recoge los mejores temas rockabilly de Jackson, incluyendo sus explosivos grandes éxitos "Fujiyama Mama" y "Mean Mean Man".

Etta James

At Last!, 1961

Su primer disco para Chess y una exquisitez. Etta James en plena explosión vocal. Hit tras hit tras hit.

Joan Jett

Bad Reputation, 1980

El debut en solitario de la cantante y guitarrista demostró que Jett venía para quedarse. Rock de los cincuenta, punk rock, glam y rabia desatada de esta chica dura, leyenda ya del rock.

Rickie Lee Jones

Rickie Lee Jones, 1979

Su excelente disco debut es buena prueba del talento de esta compositora. Incluye temas imprescindibles como "Chuck E.'s in Love".

Janis Joplin

Pearl, 1971

El trabajo en el que Janis fue más Janis que nunca. Su último disco. No pudo verlo publicado. Canciones que parten el corazón como "Me and Bobby McGee". Obra maestra.

Carole King

Tapestry, 1971

Con este disco, King traspasó la frontera que separaba a los cantautores del público en general y lo hizo incorporando con maestría el piano al rock. Bienvenido sea.

L7

Bricks are Heavy, 1992

Donita Sparks y las suyas consiguieron su sonido más redondo, salvaje y crudo. Incluye canciones que se convirtieron en verdaderos himnos como "Everglade" o "Pretend We're Dead".

Brenda Lee

Brenda Lee, 1960

Miss Dynamite en todo su esplendor. Owen Bradley a la producción y una voz inconfundible cantando con una fuerza impropia de una edad tan joven clásicos como "Sweet Nothin's".

Joni Mitchell

Hejira, 1976

Aunque en este disco se acerca más al jazz, Hejira también supuso el colofón a una impresionante serie de joyas del rock cada vez más alejadas del folk de sus inicios.

Stevie Nicks

24 Karat Gold: Songs from the Vault, 2014

Ayudada por Dave Stewart, Nicks consigue convertir estas canciones en clásicos instantáneos, gracias sobre todo a su impresionante. Hay vida más allá de Fleetwood Mac.

Nico

Chelsea Girl, 1967

La voz más triste del rock acompañada por Lou Reed, John Cale y Sterling Morrison. Uno de los álbumes esenciales del rock de una de sus figuras trágicas.

Laura Nyro

Eli and the Thirteenth Confession, 1968

Segundo disco de la cantante y compositora. Sus mejores composiciones, su voz de soprano y sus letras oscuras se combinaron a la perfección en esta joya de principio a fin.

Yoko Ono

Yoko Ono/Plastic Ono Band, 1970

Rock de vanguardia no apto para cardiacos. Yoko Ono desatada y desaforada, gritos desgarrados, improvisación y músicos de altura, Lennon incluido, por supuesto.

Liz Phair

Exile in Guyville, 1993

Respuesta en clave femenina al *Exile on Main St.* de los Stones de una Liz Phair en estado de gracia. Exquisita demostración del talento compositivo de la de New Haven.

Linda Ronstadt

Heart Like a Wheel, 1974

Cuando el country se hizo rock, Linda Ronstadt le puso voz y este disco es la mejor prueba. Si escuchas "You're Not God", sabrás la razón.

The Sangri-Las

Leader of the Pack, 1965

Cuero, motocicletas, chicos duros y cuatro chicas cantando a amores funestos. "Remember" y "Leader of The Pack", imprescindibles del sonido característico del grupo.

Siouxsie and the Banshees

The Scream, 1978

La reina del rock más gótico y oscuro demostrando que el título le sienta como un guante, su dramática voz en su mejor momento en un disco variado e innovador.

Sleater-Kinney

Call the Doctor, 1996

Potencia emocional y sonora, el segundo disco de la banda demuestra con maestría que la promesa no se ha quedado en eso. Brutal y brillante descarga punk. Esencial.

Patti Smith

Horses, 1975

Patti Smith en estado puro. Lenny Kaye desatado. Horses, horses, horses. Disco imprescindible en cualquier discoteca que se precie. Producido por John Cale. ¿Se puede pedir más?

Sonic Youth

Daydream Nation, 1988

El disco que convirtió a los Sonic Youth en una de las bandas más respetadas del rock independiente. Ambicioso y original a partes iguales, uno de los mejores ejemplos de la maestría de la banda.

Susan Tedeschi

Back to the River, 2008

La cantante y guitarrista llegó como un soplo de aire fresco al mundo del blues rock y este disco es la prueba. Se encontraba a sí misma como compositora en sus canciones.

Sister Rosetta Tharpe

Complete Recorded Works Vol. 1 a 3, 1996-1998

Ella fue rock antes del rock. Su forma de cantar y de tocar la guitarra eléctrica no tienen parangón. Estos tres CDs de Document Records son imprescindibles para conocerla.

St. Vincent

Actor, 2009

Experimentadora nata, exploradora de nuevas sonoridades, en *Actor* consiguió dar el salto al gran público con una música rica sonoramente, intrincada y totalmente diferente.

Throwing Muses

Throwing Muses, 1988

Vibrante debut de la banda de Kristin Hersh que ya demostraba su talento como compositora. Letras oscuras y melodías violentas. Emocionalmente impecable y sonoramente original y genuino.

Tina Tuner

Private Dancer, 1984

Quizás no es el disco más rockero de Tina pero es sin duda el disco más Tina. El que significó su impactante regreso y la convirtió en la leyenda del rock que es.

Lucinda Williams

Car Wheels on a Gravel Road, 1998

Una de las joyas de la corona de la cantante y compositora. Claro ejemplo de su talento compositivo. Un disco lleno de clásicos desde la primera a la última canción.

X

Los Angeles, 1980

Uno de los mejores discos de la escena punk rock surgida de Los Ángeles. Salvaje debut de la banda de Exene Cervenka y John Doe.

X-Ray Spex

Germ Free Adolescents, 1978

Visceral e irreverente. El día que se escriba el libro definitivo de la historia del punk, este disco estará en él sin duda. Poly Styrene y los suyos en plena rabia adolescente.

Bibliografía

Azerrad, M., *Our band could be your life: Scenes from the american indie underground 1981-1991*, Back Bay Books, Nueva York, 2002.

Bianciotto, J., *Guía universal del rock: 1959-1970*, Robinbook, Barcelona, 2008.

Bianciotto, J., *Guía universal del rock: de 1970 a 1990*, Robinbook, Barcelona, 2009.

Bianciotto, J., *Guía universal del rock: de 1990 hasta hoy*, Robinbook, Barcelona, 2009.

Brownstein, C., *Hunger makes me a modern girl: A Memoir*, Virago, Londres, 2015.

Castarnado, T., *Mujer y música: 144 discos que avalan esta relación*, 66 rpm, Barcelona, 2011.

Castarnado, T., *Mujeres y música : 144 discos más que avalan esta relación*, 66 rpm, Barcelona, 2013.

Cervenka, E. y Lunch, L., *Adulterers anonymous*, Last Gasp, San Francisco, 1996.

Clemente, J. Girl groups: Fabulous females that rocked the world, Krause Publications, Iola, 2000.

Echols, Al., *Janis Joplin: Las cicatrices del dulce paraíso*, Circe, Barcelona, 2001.

Gaar, G. G., *She's a rebel: The history of women in rock & roll*, Seal Press, Nueva York, 2002.

George, N., *Where did our love go: The rise and fall of Tamla Motown*, Omnibus Press, Londres, 2003.

Gillett, Ch., *Historia del rock: el sonido de la ciudad. Desde sus orígenes hasta los años 70*, Robinbook, Barcelona, 2008.

Gordon, K., *Girl in a band: A memoir*, Faber & Faber, Londres, 2015.

Holiday, B., *Lady sing the blues*, Tusquets, Barcelona, 1991.

MacNeil, L., *Por favor, mátame: historia oral del punk*, Libros Crudos, Bilbao, 2008.

Marcus, S., *Girls to the front: The true story of the Riot Grrrl revolution*, Harper Perennial, Nueva York, 2010.

O'Brien, L., *She Bop: The definitive history of women in popular music*, Jaw Bone, Londres, 2012.

O'Dair, B., *The Rolling Stone book of women in rock: Trouble girls*, Random House, Nueva York, 1999.

Philip, N., *John Lennon: The life*, Ecco Press, Nueva York, 2009.

Raha, M., *Cinderella's big score: Women of the punk and indie underground*, Seal Press, Emeryville, 2005.

Reddington, H., *The lost women of rock music: Female musicians of the punk era*, Equinox Publishing, Sheffield, 2012.

Sherman, D., *20th century rock and roll: Women in rock*, Collector's Guide Publishing inc, Burlington, 2001.

Simone, N., *I put a spell on you: The autobiography of Nina Simone*, Da Capo Press, Boston, 2003.

Smith, P. *Just kids*, Ecco Press, Nueva York, 2010.

VV.AA., *Women make noise: Girl bands from Motown to the modern*, Supernova Books, Twickenham, Inglaterra, 2012.

Witts, R., *Nico*, Circe, Barcelona, 1995.

En la misma colección

Heavy Metal

Andrés López Martínez

Este libro hace un repaso pormenorizado de la historia del heavy metal, destacando las claves del género y las bandas más representativas del panorama internacional, incluyendo aquellas que más suenan en España e Hispanoamérica.

- Metal progresivo: Queensrÿche, Fates Warning y Dream Theater.
- Funk Metal: Living Colour, Primus, Red Hot Chili Peppers, Faith No More.
- Grindcore: Napalm Death, Carcass, Bolt Thrower, Brutal Truth, Extreme Noise Terror.
- Groove Metal: Exhorder, Pantera y White Zombie.

Soul y Rhythm & Blues

Manuel López Poy

Este libro hace un repaso pormenorizado de la historia del soul y el rhythm and blues, destacando cuáles son las claves de un género que ha hecho bailar y emocionarse a media humanidad, así como una amplia selección de sus principales grupos y los álbumes fundamentales que lo componen.

- Los grandes pioneros: Sam Cooke y Ray Charles.
- Bajo el sello Stax Records: Otis Redding, Sam & Dave.
- Llega la revolución soul: Aretha Franklin.
- El fenómeno Motown: The Supremes, Gladys Knight & The Pips.
- El neo soul: Amy Winehouse, Erykah Badu, Jill Scott.

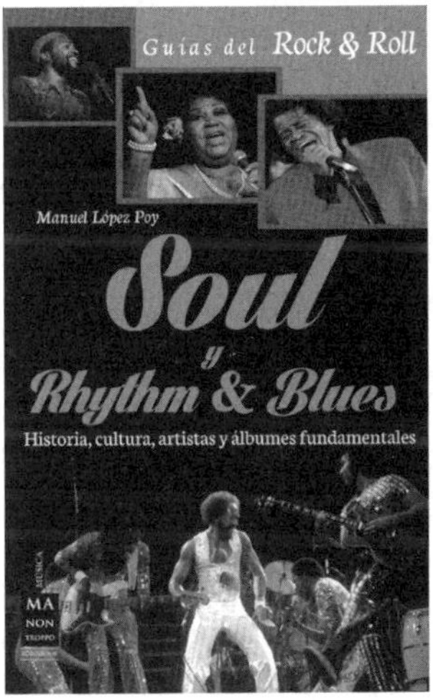

Rockabilly

Manuel López Poy

Este libro es una completa guía para conocer los grupos y los personajes clave que forjaron la leyenda y el mito del rock y de uno de sus principales subgéneros, el rockabilly.

- Fats Domino: el pionero de Nueva Orleans.
- Johnny Hallyday, el orgullo francés.
- Buddy Holly, el chico formal de contundente rock and roll.
- Roy Orbison o la trágica melancolía.
- Elvis Presley, simplemente El Rey.

Hard Rock

Andrés López Martínez

El hard rock se ha hecho partícipe de los preceptos ideológicos más sólidos del rock y puede definirse también como fuerza, gallardía, pasión y fulgor. Este libro desbroza la historia del hard rock, destacando sus claves identificativas y las bandas que lo representaron, así como la discografía fundamental.

- Aerosmith, en la montaña rusa del rock americano.
- Alice Cooper Band, shock rock y degeneración fantástica.
- Deep Purple, la señorial saga del heavy rock.
- King Crimson, sólo para paladares exquisitos.
- Led Zeppelin, el paraíso inalcanzable del rock duro.

Dance Electronic Music

Manu González

La historia de la música electrónica de baile es la historia de sus instrumentos, de sus clubs, de sus dj's, de sus comunidades y también de sus drogas. He aquí un libro que es algo más que unas páginas sobre música electrónica: es un certero viaje a través de más de cuarenta años de sonidos marcianos, rítmicas imposibles, paredes húmedas y sonido atronador.

- Björk: El house pop que vino del norte.
- The Chemical Brothers: La banda que revolucionó la música de baile.
- Daft Punk: El tecno que se volvió masivo.
- Depeche Mode: El músculo tecno pop.

Bob Dylan

Manuel López Poy

Es, con toda seguridad, una de las figuras más influyentes de la música en el siglo XX. "La gran bestia del rock and roll" como dijo Chuck Berry de él. Bob Dylan es un artista venerado y cuestionado que forma parte ya del imaginario cultural universal. Este libro es una aproximación a la vida, las canciones, los conciertos clave y la discografía de Bob Dylan.

- La estrella del folk y la canción protesta.
- Su polémica reconversión al rock.
- Un circo llamado Rolling Thunder Revue.
- La consolidación del mito.
- Dylan y los beatniks.